Muni

In den Armen der Freiheit

Ausgesuchte Texte aus dem Silvester Online Retreat
2020/2021

- In den Armen der Freiheit -
heißt:
Du bist schon mittendrin,
gehalten von dir selbst,
denn Freiheit bist du selbst.

In den Armen der Freiheit
bist du im Herzen,
in dem, was dich berührt.

Es gibt nichts leichteres, als sich zu vergegenwärtigen:
„ich" bin aufgehoben,
„ich" bin DA schon.

Impressum

Bibliographische Information der Deutschen Nationalbibliothek: Die Deutsche Nationalbibliothek verzeichnet diese Publikation in der Deutschen Nationalbibliographie; detaillierte bibliographische Daten sind im Internet über dnb.dnb.de abrufbar.

Copyright © 2021 Muni M. Weber
Ausgewählt, transkribiert und zusammengestellt von Lakshmi
Überarbeitet von Muni

Herstellung und Verlag: BoD – Books on Demand, Norderstedt

ISBN: 9783754336915

www.muni-satsang.de

In den Armen der Freiheit

„In der Frage „Wer bin ich?",
im „ich" zu ruhen,
führt dich dorthin, wo kein „ich" entstehen kann,
und löst es auf.

Willst du DAS verwirklichen,
gibt es für dich kein direkteres Mittel als das!"

In den Armen der Freiheit

ॐ Bevor wir in das Retreat eintauchen, ein paar Begriffserläuterungen ॐ

Das „ich" ist im Text in Anführungszeichen, um damit zu verinnerlichen, dass ein „ich" als eine innere Einheit, die bestimmen würde, was sie tut, nicht existiert. Genauso sind auch „Gedanken" in Anführungszeichen gesetzt, da es keine „Gedanken", weil es keinen Denker, sondern nur Informationen gibt, so wie es auch keinen „Ursprung" und keine „Quelle" gibt.

'Leben Selbst' = Wahrheit = Realität = unsere wahre Identität

Ich unterscheide zwischen dem Bewusstsein,
aus dem diese Erscheinung besteht,
und dem 'Leben Selbst',
das von vielen reines Bewusstsein genannt wird,
und das mit der Welt, der Materie, dieser Erscheinung hier nichts zu tun hat,
sie aber durchdringt.

„'Leben Selbst' ist unsere wahre Identität.

Das ist das, was von uns nicht verschieden ist,
niemals getrennt
und um das wir uns nicht bemühen müssen,
weil es schon ist,
- eben mit uns identisch."

Bewusstsein

Die Erscheinung dieser Existenz, dieser Welt nenne ich Bewusstsein.

„Bewusstsein ist das, was sich als diese Welt ausdrückt."

Damit ist Bewusstsein eine Qualität, die die verschiedensten Funktionen hat,
nämlich sich dessen bewusst zu sein,
zum Beispiel in dir, dass du scheinbar existierst,
oder wie es dir gerade geht.

Bewusstsein ist also die gesamte Erscheinung
und alle Funktionen darin.

Bewusstsein ist ein Beziehungsinstrument.
Es ist primär am Überleben „interessiert"
und definiert sich durch scheinbare Beziehungen,
denn wenn es Alles ist, bezieht es sich ja immer nur auf sich selbst
als etwas, dass von sich selbst verschieden zu sein scheint.

Damit fällt es immer wieder auf sich selber herein.
Aber es „glaubt", dass es sich durch scheinbare Beziehungen am Leben erhält.

Damit sind Beziehungen zwischen scheinbar verschiedenen Objekten
nur eine Idee,
denn sie finden immer nur innerhalb des Bewusstseins als Bewusstsein statt.

Bewusstsein ist ein bloßes Funktionieren, ein Mechanismus.
Es steht nie still,
hat nicht angefangen und hört nie auf.

Damit hat es eine Entsprechung zu dem, was 'Leben Selbst' ist:
Beides kann nicht aufhören.
Sowohl Bewusstsein wie auch 'Leben Selbst' können nicht aufhören.

Manche glauben, dass das Bewusstsein
aus der Qualität, die 'Leben Selbst' genannt wird, entsteht,
aber das ist nicht der Fall.

Das Bewusstsein ist lediglich vom 'Leben Selbst' durchdrungen,
aber es steht nicht in direkter Verbindung zu ihm.
'Leben Selbst' kann niemals die Illusion werden
und die Illusion kann niemals 'Leben Selbst' werden.

Bewusstheit

„Bewusstheit ist eine Wirkung unserer wahren Identität,
die sich in dieser „Gefangenschaft" von Bewusstsein zeigt,
wenn wir einen Abstand zum Bewusstsein haben
und erkennen, dass Bewusstsein nicht das ist, was wir selbst sind."

Bewusstheit ist damit nicht dasselbe wie unsere wahre Identität,
sondern eine Wirkung der wahren Identität
auf „unser" Bewusstsein.

Auf der Ebene von Bewusstheit
hat das Bewusstsein Zugang zu dem Wissen,
wie Bewusstsein selbst funktioniert.

Es hat damit also einen Abstand zu sich selbst.

„Bewusstheit ist sich des Bewusstseins gewahr."

Bewusstheit ist der Aspekt, der uns aufgrund dieses Abstands
sehen lassen kann,
dass hier alles Fake ist, alles eine Täuschung ist.

Obwohl es so überzeugend scheint, was wir hier leben,
ist unsere wahre Identität etwas ganz anderes.

Gewahrsein

„In uns zeigt sich die Qualität von 'Leben Selbst' als Gewahrsein."

Gewahrsein stellt der Funktion von Bewusstsein die Daten zur Verfügung,
die es für seinen Ausdruck benötigt.

Dennoch ist es eine Funktion von Bewusstsein.

Wenn das Bewusstsein in uns zu existieren aufhört,
ist das auch das Ende von Gewahrsein.
Ohne Bewusstsein gibt es kein Gewahrsein,
es existiert nicht unabhängig von uns.

Wahrnehmung

C: Du unterscheidest zwischen Wahrnehmung und Gewahrsein.
Was ist der Unterschied?

Muni: Wahrnehmung heißt, du nimmst etwas für wahr.

Eigentlich müsste das Für-wahr-Nehmung heißen.

Wahrnehmung ist die Interpretation von dem,
was das Gewahrsein dir als das „Gesehene" präsentiert.

Von vielen wird es anders verwendet.
Es wird auch nicht die Unterscheidung gemacht von Gewahrsein zur
Wahrnehmung oder zur Interpretation von Gewahrsein.
Die Irritation von uns selbst ist jedoch,
dass Gewahrsein uns alle Daten liefert,
aber wir sie nicht so übernehmen und verarbeiten, wie sie geliefert werden.

C: Genau, wir haben einen Filter.

Muni: Ja, wir verändern das Gesehene
und machen es zu unserem Weltbild.

Das wird dann zum Dilemma.
Und Dilemma heißt, wir sind die Lämmer -
vorher waren wir Löwen,
plötzlich sind wir Lämmer.

An 5 Tagen online Video Satsang.

Aufgehoben, mittendrin, vom Leben versorgt
und danach sich getrennt fühlen,
ist der Normalzustand der meisten Mensch–Wesen.

Dabei braucht es tatsächlich keinerlei Anstrengung,
um zu erkennen, dass bereits Freiheit ist,
sondern nur das Auflösen der Idee,
jemals getrennt, jemals unfrei sein zu können.

Diese Wahrheit ist aber durch unsere Tendenz so verdeckt,
uns als einen Jemand/in zu sehen,
der/die dann dadurch in ständiger Not ist, sich zu entkommen,
dass es eine ganze Weile dauern kann,
bis sich die Energien erlösen,
die durch unser Not-Programm entstanden sind.

Es gibt niemanden, der dir die Freiheit vorenthalten kann -
aber scheinbar du selbst.

Dahinter zu schauen und zu kommen, was dich davon abhält,
dich als bereits frei und glücklich zu erkennen,
ist neben der Öffnung in die wahre Identität
unsere Hauptbeschäftigung in diesen 5 Tagen.

- In den Armen der Freiheit -
ist unser Motto in diesen Tagen
und so wird es auch sein.
Versprochen!

Du bist schon in den Armen der Freiheit

Das Motto des Retreats
- In den Armen der Freiheit -
kannst du wörtlich nehmen,
denn die Form, die du zu sein glaubst,
ist immer schon in das eingetaucht,
was das ist, wonach du strebst.

„Du bist immer selbst in DICH hinein getaucht.“

Siehst du das aus der Ebene der persönlichen Identität,
dann sieht das so aus als wärest du dem fremd, in das du eintauchst.

Aber tatsächlich bist du das, in dem das stattfindet, was glaubt,
dass es etwas gibt, was ihm fremd ist.

Die Wahrheit ist:
„Die Qualität, die wir sind,
also „die Arme der Freiheit“,
durchdringen alles, auch die Form.“

Die Form kann niemals in irgendeiner Form von dem getrennt sein,
was die wahre Identität ist, die du bist.
Wir können noch nicht einmal von „du bist“ sprechen,
denn in dem, was du bist, gibt es kein „ich“ und kein „du“,
da gibt es keine Person,
da gibt es auch keine Qualität, die jenseits von der Person ist.

Alle Definitionen sind in dem, was du bist, komplett aufgehoben.

Damit sieht es so aus, als würden wir die Form transzendieren müssen
und irgendwo landen, wo wir noch nicht sind.

Versuchst du es, bedeutet das aber, du sagst dir selbst:
„ich" bin nicht okay, „ich" bin minderwertig, mir fehlt noch etwas,
„ich" muss hier oder da oder dort landen irgendwann mal,
- obwohl es keinen Landeplatz für dich gibt.
Das ist das Paradoxe.

„Denn nicht durch den Versuch, irgendetwas zu werden oder zu machen
wirst du zu dem, was du bist,
sondern durch das Aufhören jeglicher Versuche,
irgendetwas zu werden oder irgendwohin kommen zu wollen.

Entscheidend ist die sogenannte Anwesenheit,
also einfach nur da zu sein.

Daher entspanne dich dahinein, dass du einfach schaust,
wie es dir wirklich geht.
Dann bist du einfach anwesend."

Was ist denn das, was verdeckt, dass wir nicht sehen können,
wer oder was wir sind?

Es ist im Grunde genommen der Versuch mit groben Mitteln
das Feine zu entdecken.

„Alle Versuche, alle Tendenzen, alle Ideen und die Versuche,
irgendwo hinzukommen oder zu flüchten, sind grob,
während das, was wir sind,
so fein ist,
so subtil ist
und auch das einzige, was uns wirklich berührt.
In diesen Versuchen übersiehst du dich."

Also ist unser Bestreben jetzt, kein Bestreben zu haben.

Das ist natürlich verrückt, du nimmst an einem Retreat teil
und es sagt dir jemand:
„Hier geht es um nichts."

Der Verstand kann das natürlich nicht haben, der flippt aus.
Aber wen kümmert der Verstand?
Wir sind nicht der Verstand.

*„Wir sind diese „Ebene", die mit dem identisch ist,
was wir vermeintlich anstreben."*

Und es gibt nichts Subtileres als die Qualität, die sich deiner gewöhnlichen,
im Verhältnis dazu doch recht groben Wahrnehmung entzieht.

Außerdem ist es nicht etwas, das überhaupt wahrgenommen werden kann.

Bist du jenseits von Wahrnehmung orientiert,
öffnet sich in dir diese Ebene und diese subtilen Qualitäten,
deren Wirkung du dann in dir spürst.

Um mehr geht es gar nicht.

Insofern schau, dass du mehr Anwesenheit
als Wahrnehmen von dem bist, was passiert.

Und erinnere dich immer wieder daran:
„ich" tue eigentlich nichts."

*Das betrifft alle und alles.
Niemand tut irgendetwas.*

Alles geschieht einfach nur.

Willkommen zum Retreat: „In den Armen der Freiheit".

Das unersättliche, nicht existente Monster ignorieren

Es geht uns ja um nichts weniger, als um das Richtigstellen von dem,
wonach du schon jahrzehntelang lebst,
nämlich dass du die ganze Energie einem Phantom zur Verfügung stellst,
zu dem es dann im spirituellen Bereich die Idee gibt,
dass man dieses Phantom erlegen muss,
dass man etwas beseitigen muss, was eigentlich gar nicht existiert.

Das, was in uns diese lauten Geräusche macht,
weshalb wir diese subtile Qualität von 'Leben Selbst'
nicht wahrnehmen können,
ist diese sogenannte „ich"-Idee.

Es gibt die Frage: „Wer bin ich?",
die darauf abzielt, im Fokus oder in der Betrachtung
und Verfolgung des „ichs" hin zu seinem „Ursprung",
da einfach zu verweilen
bis sich diese „ich"-Idee erledigt hat.

In dem Moment, wo du dich dort aufhältst,
wo der „Ursprung" der „ich"-Idee ist,
- und das tust du in der Frage „Wer bin ich?"
und in dem Ruhen darin -
ruht auch diese „ich"-Idee.

Wird das zur Gewohnheit,
dann wird es leise,
dann wird es still,
und es verschwindet das, was nie da war.

Das ist das Paradoxe, das was nie da war, aber so aussah, als wäre es da,
löst sich dann darin auf.

So wie die Wissenschaft versucht, den Urknall
und damit den scheinbaren „Ursprung" von diesem Universum zu ergründen,

um die Lösung dafür zu finden, sich endlich zu entspannen,
weil es dann nichts mehr zu tun gibt,
so ist es auch für uns das Prinzip, uns zu dem „Ursprung" dieses „ichs"
hinzubewegen, um letzten Endes zu sehen,
daraus taucht eigentlich gar nichts auf.

*„An dem Punkt, wo der „Ursprung" dieser „ich"-Idee zu sein scheint,
taucht nichts auf."*

Wenn du das so siehst, was muss dann verschwinden?
Oder wogegen muss man kämpfen?

Alles sinnlos.

Wird das wirklich klar erkannt, kehrt Ruhe ein.

*„Dieses unersättliche, nicht existierende Monster erlegt man,
indem man nicht versucht, es zu erlegen.,
indem man nicht versucht, es zu verändern,
indem man nicht versucht, es irgendwie zu verbessern,
sondern indem man dem, was nicht ist, die Ehre erweist, die ihm gebührt,
nämlich es zu ignorieren."*

Denn was willst du investieren in etwas, das nicht ist?
Und dieses „ich" ist nicht.
Diese Täuschung, diese Idee, diese Energie,
mit der du ständig im Konflikt bist,
ist etwas, das es zu ignorieren gilt!

Das ist die Kunst, um die es geht.

Das ist die Kunst, die dir dann auch die Freiheit schenkt,
- die schon ist.

Meditation

In dem „Ursprung" von „Wer bin ich?" ruhen

Wir öffnen uns unserer wahren Identität.

Und wir sind uns dessen gewahr, wie unsere „Gedanken" und Gefühle
unser Körper-Geist-System verlassen.

Du spürst wie das gesamte System leichter wird.

Wo „Gedanken" und Gefühle waren, kehrt jetzt Frieden ein.

In deinem Gewahrsein taucht nun die Frage auf:
„Wer bin ich?"

Nun folgt deine Aufmerksamkeit dieser Frage zu ihrem „Ursprung",
dahin, von wo aus sie auftaucht.

Du wirst regelrecht davon angezogen.

Und du ruhst jetzt an diesem Punkt, von wo aus dieses „ich" auftaucht.

Du kommst hier mit der Ewigkeit in Berührung.

Nimm wahr, wie sich an diesem Punkt dieses „ich" auflöst.

Und du schaust, was ist, wenn das „ich" nicht mehr ist.

Da ist nichts, worauf du schauen kannst.

Kein Objekt erscheint,
und da ist auch kein Subjekt.

Da ist Weite, vibrierende Ewigkeit,
voller Leben,
vollständig.

DAS bist du.

Frei von dir.

Die Reise zu dir selbst ist die Reise zum „Ursprung" des „ich"

Diese Reise, die wir hier antreten,
die letzten Endes die Reise zu sich selbst ist,
ist durch die Frage „Wer bin ich?" am besten ausgedrückt.

Das bedeutet, wir machen eigentlich eine Reise zurück,
hin zu dem Ort oder Raum, von wo aus diese Irritation einer „ich"-Idee
angefangen hat zu existieren.

„Die Frage „Wer bin ich?" ist eine direkte Unterstützung,
um bei diesem „Ursprung" von dem „ich",
also bei dem, was vor dem „ich" war,
zu sein,
und an diesem Punkt dann die „ich"-Idee hinter sich zu lassen.

Und so folgt man in der Frage „Wer bin ich?"
dem „Ursprung" des „ich".

Dieser „Ursprung" von „ich" ist frei von diesem „ich".
Das ist das Prinzip von dieser Selbsterforschung.
Ganz einfach.

Mit dem Fokus auf das „ich" nimmst du dem „ich" alle Beziehungen

Es geht darum, das „ich" als einen Mechanismus zu sehen,
dessen Funktion es ist, sich zu beziehen.
Beziehen geht nur, wenn es etwas gibt, worauf man sich beziehen kann.

Das heißt, nimmt man diesem „ich" alle Beziehungen weg,
- damit meine ich jetzt nicht primär die Partnerschaften,
aber das kann sogar auch sein -,
sondern Objekte, dann gibt es auch keine Möglichkeit,
dass sich ein „ich" ausbildet oder halten kann.

Wenn du dieses „ich" im Sinn hast und sonst nichts,
dann ist das zwar ein Objekt,
aber ein Objekt, das dich zu dem „Ursprung" des „ichs" führt.
Und da sind alle anderen Objekte,
auf die sich ein sogenanntes „ich" ansonsten bezieht,
nicht mehr zur Verfügung, nicht mehr präsent.

*„Es ist eine Entziehungskur für das „ich",
sich auf das „ich" zu fokussieren."*

Die Frage „Wer bin ich?" bedeutet ja:
„ich" will wissen, wer „ich" bin,
oder was der „Ursprung" ist von dem, was das „ich" ist",
- was dasselbe ist.

„Letzten Endes landest du dann im Herzen."

Fristlose Entlassung des „ich" statt gute Gefühle haben zu wollen

„Im Herzen sein" bedeutet nicht,
dass die Selbsterforschung zum Zweck hat, gute Gefühle zu bewirken,
sondern es geht darum, die Ursache für die Idee,
dass gute Gefühle sein müssen,

aufzulösen,
bzw. jemanden, der glaubt, dass er existiert
und nur existieren kann, wenn er gute Gefühle hat, aufzulösen.

„Letzten Endes geht es in der Frage „Wer bin ich?"
der Existenz einer „ich"-Idee an den Kragen.

Es geht nicht um gute Gefühle."

Warum geht es nicht um gute Gefühle?
Wenn du erwartest, dass als Effekt von der Suche nach dem „Ursprung"
von dem „ich" gute Gefühle auftauchen,
bist du wieder mit Objekten identifiziert.
Dadurch etablierst du das „ich"
und es löst sich nicht auf.

Also, wenn es ein Interesse von dir an der Selbsterforschung geben würde,
dann das Interesse, das, was die Selbsterforschung macht,
aufzulösen,
denn das ist dasselbe Prinzip, was sich auch als Irritation oder als „ich" zeigt.

Bist du bisher immer auf der Suche nach guten Gefühlen gewesen
und willst eigentlich das „ich" erlösen,
bist du auf der falschen Fährte,
vollkommen daneben.

Das ist vielleicht für einige schockierend, aber es ist nötig.
Es muss einen Entzug geben in Bezug auf deinen Wunsch,
dich immer gut fühlen zu wollen,
denn du bleibst dann in der Unterscheidung von gut und schlecht,
in der Bewertung
und in der Beschäftigung mit einer fiktiven Realität, -
ein sogenanntes ich, das sich dadurch nährt,
dass es bewerten kann,
dass es etwas tun kann,
dass es sich auf etwas beziehen kann,
dass es sich beschäftigt.

„Uns geht es darum, dem „ich" zu kündigen,
und am besten ist eine fristlose Entlassung.

Freiheit heißt nicht,
bestimmte Dinge vorzuziehen und andere abzulehnen,
sondern zu sehen, dass nichts in dir auftaucht,
was sich auf diese Dinge bezieht.

Freiheit ist
die Freiheit von allem entbunden zu sein."

Das ist sozusagen die zweite Geburt, die zweite Entbindung.
Die erste ist auf der physischen Ebene,
wenn die Nabelschnur durchtrennt wird.

„Die zweite Geburt ist dann,
wenn der Kontakt zu dieser „ich"-Idee durchtrennt wird
und sie sich als nicht relevant und auch als nicht nötig erweist,
denn du kannst ganz prima ohne diese „ich"-Idee existieren.
Im Gegenteil, eigentlich erst dann wirklich."

Das kann eine Weile dauern, muss aber nicht.
Wie lange es dauert hängt ganz davon ab,
wie sehr du von der Identität mit dieser „ich"-Identität infiziert bist.

Wenn du dich davon zu lösen beginnst,
gräbst du ihr sozusagen das Wasser ab
und richtest dich praktisch jenseits davon als Qualität in deinem Leben ein.

Wie lange es dauert hängt auch davon ab,
welche Verträge du mit der sogenannten „ich"-Idee hast.

„Ich würde alle Verträge kündigen, die mit der „ich"-Idee zusammenhängen."

Verträge sind „Gedanken", Gefühle, Vorstellungen,
Vergangenheit, die Idee, der Körper zu sein,

die ganzen Reaktionen zu sein,
die ganzen Bezugsmechanismen zu sein,
also schlichtweg alles, von dem du dich lösen musst,
nur alles, mehr nicht.

Aber das sind alles nur Ideen, die eigentlich niemand braucht.

„Stimmiger ist festzustellen, dass das Sache des Universums ist.
Das muss es durch dich irgendwie managen,
dass gesehen wird, dass eigentlich nicht gebraucht wird,
was die ganze Zeit (nicht) funktioniert."

Die Täuschung aufdecken

Das Schöne ist, dass es zwar eine Täuschung ist,
aber die ist fehlerhaft.

Und das Interessante ist,
jede Täuschung sucht auch nach der Aufhebung der Täuschung.
Also jemand, der diverse Verbrechen begangen hat,
ist eigentlich ständig damit beschäftigt, entdeckt werden zu wollen.
So ist es mit dieser „ich"-Idee auch.
Sie ist ja der größte Verbrecher
und hat die Sehnsucht nach Entdeckung.

Denn welches Spiel ist interessant für den, der sich versteckt?
Doch entdeckt zu werden.
Das machen wir ganz früh als Kleinkind.
Und wir machen das auch immer weiter, denn wir bleiben ja ein Kleinkind.
Erwachsenwerden ist erst dann, wenn erkannt wird, wer man ist.
Davor nicht.
Davor ist Kleinkind, Kleinkind-Krieg könnten wir sagen,
weil man ja immer etwas kriegen will, wenn man klein ist.

Also ganz einfach alles.

Nur das „ich" nicht bedienen.

Oder die ganze Zeit mit dem „ich" in Kontakt sein
als „ich"-Gedanke oder „ich"-Gefühl
und dem zu seinem „Ursprung" folgen:
„Woher kommt dieses „ich"?
In wem taucht das auf?
Wer bin ich?"

Einfacher geht es nicht.
Dafür muss man nicht studieren, keine Abschlüsse machen,
sich nicht verbiegen,
sondern einfach nur innen,
einfach nur bei sich sein.

Wachzustand, Traum und Tiefschlaf

Das, was wir als Leben bezeichnen,
sind für uns drei verschiedene Zustände, die jeder kennt:

Der Wachzustand ist das, in dem wir gerade sind.

Der Traumzustand, in dem wir sind, wenn wir schlafen
und das Bewusstsein in seiner Funktion in Verbindung mit
den unterbewussten Sphären ist.

Und der Tiefschlaf zeichnet sich dadurch aus,
dass nur ein geringer Anteil von Bewusstsein anwesend ist, und zwar
so wenig, dass auch die unterbewussten Anteile darin nicht stattfinden.

Wir können sagen, der Tiefschlaf repräsentiert die Basis für Leben,
dass heißt, solange eine, wenn auch nur geringe Anwesenheit
von Bewusstsein und Gewahrsein da ist,
- natürlich immer in Verbindung mit einem Körper, -
dann ist das „Gefährt" oder der Mensch am Leben.

Durch diese Zustände können wir eine ganze Menge über uns lernen.
Nämlich, dass es so etwas gibt wie einen bewussten Zustand,
einen unter- oder unbewussten Zustand
und einen, der jenseits von beiden ist.

Der bewusste Zustand unterscheidet sich vom unterbewussten Zustand
dadurch, dass sich das, was unser Erleben ist,
als Projektion nach außen zeigt,
sodass wir so etwas wie eine Welt wahrnehmen, in der wir sind,
während im Traum der Traum in dir stattfindet.

Natürlich findet auch im Bewusstsein, im Wachzustand die Welt in dir statt,
aber anders als im Traumzustand ist es so,
dass dein Gewahrsein von dir selbst auch Zeit und Raum umfasst
und nicht nur die Eingeschränktheit von Mechanismen
im unterbewussten Zustand.

Wir können lernen, dass wir einen bewussten Zustand
und einen unter- oder unbewussten Zustand haben,
denn sonst müssten wir uns nicht mit Träumen beschäftigen
und versuchen herauszufinden, was sie für uns bedeuten.

Natürlich müssen wir auch den Wachzustand,
der, wie wir wissen, auch ein Traum ist,
versuchen zu verstehen, nachzuvollziehen.
Dabei hilft uns dann auch das Unterbewusstsein oder das Träumen.
Beide Sphären sind miteinander verbunden,
sind nicht wirklich voneinander getrennt.

Natürlich ist auch der Tiefschlaf mit uns verbunden,
aber er ist im Vergleich zum Wach- und Traumzustand ein Zustand,
der frei von den Aktivitäten der „ich"-Struktur ist.

Während die „ich"-Struktur im Wachzustand und im Traum auftaucht
und ihr Unwesen treibt,
ist sie im Tiefschlaf nicht vorhanden.

Im Tiefschlaf ist also kein „ich" in Aktion.
Es ist dennoch nicht die Qualität von Freiheit,
denn Freiheit bedeutet nicht, dass mal kein „ich" da ist, im Sinne von,
es ist mal abwesend, taucht aber danach wieder auf, -
was ja im Tiefschlaf der Fall ist,
da ist es ja eine Weile nicht da und sobald der Tiefschlaf zu Ende ist,
sagt das „ich" wieder „Hallo".

Im Tiefschlaf ist auch nicht möglich,
wie manche sagen oder es ihren Lehrern glauben,
dass man dabei bewusst schläft, also im Tiefschlaf bewusst ist.

Wenn Bewusstheit im Tiefschlaf ist, dann ist das kein Tiefschlaf,
sondern Samadhi,
tiefes abgesenkt sein mit einer Qualität von Anwesenheit,
die aber nicht auf den Körper bezogen ist,
sondern Bewusstsein,
das für sich selbst nur feststellt, dass es ist.

Was sagt uns der Tiefschlaf noch?

„Wir können ganz prima ohne ein „ich" sein,
im Gegenteil sogar, es geht uns am besten ohne „ich"."

Also das zu der Angst, die viele haben, was sie denn noch mit dem Leben
anfangen, wenn kein „ich" mehr ist,
oder dass sie Angst haben müssen, dass sie nicht mehr sind,
wenn das „ich" nicht ist,
denn tatsächlich ist das „ich" ja nie,
aber die Idee taucht auf, dass man das ist.
Und das ist die Täuschung.

Uns geht es darum, da Klarheit zu schaffen
und den Anteil aufzulösen, der nicht wirklich ist.

Dabei ist das Wort „auflösen" eigentlich schon zu viel,

denn was nicht ist, muss man das auflösen?

Also, auflösen muss man es nicht.
Man muss erkennen, dass es nicht die Wahrheit ist,
und schauen, dass die Energie im System,
die als „ich"-Idee auftaucht,
sich in die Qualität verändert, die das „ich" nicht mehr unterstützt
bzw. ohne das „ich" einfach ist.

Der Tiefschlaf zeigt dir, dass du während des Wach- und im Traumzustandes
mit einer Illusion beschäftigt bist,
die dir nicht nur nicht dient,
sondern dir sogar das Wasser abgräbt,
und du diesen Tiefschlaf brauchst,
um dich darin von der Tätigkeit der „ich"-Idee wieder zu erholen.

Das heißt, dass der Aufenthalt mit deinem Fokus dort,
wo das „ich" nicht ist,
sondern du bist,
dir überhaupt erst die Energie verleiht, ein Leben zu bewältigen,
in dem eine Traumfigur auftaucht, der geglaubt wird, nämlich ein „ich".

Je mehr du Klarheit darüber hast,
desto mehr besteht die Möglichkeit, auch danach zu leben
und zu sehen wann immer dieser Feind in dir auftaucht,
den du irgendwann einmal unfreiwillig eingeladen hast,
ihm den Zutritt zu verwehren,
also in jedem Fall schon mal ihm die Hausschlüssel abzunehmen
und ihn dann nicht mehr hereinzulassen.

Unfreiwillig deswegen, weil sich natürlich jede menschliche Form
in eine „ich"-Idee entfaltet
und es nur, wenn es ansteht, die Möglichkeit gibt,
sie wieder loszuwerden.

Aber, gerne wiederhole ich, es ist eigentlich nicht nötig, sie loszuwerden,
sondern sie nur als das zu behandeln, was sie ist:

ein Dieb von Glückseligkeit -
das ist, was das „ich" ist.

Und wer sich gerne berauben lässt,
der bedient das weiter.

Ansonsten ist es gut, wach zu sein,
und sobald dieses Monster auftaucht, zu sehen,
dass es nicht real ist, was da auftaucht,
und dich einfach abzuwenden
und in den Tiefschlaf des Wachzustandes überzugehen,
Tiefschlaf im Sinne von:

„Du schläfst zu dem, was du nicht bist,
und bist wach zu dem, was du bist."

Dieses Beispiel mit den drei Zuständen, die uns ja vertraut sind,
ist auch der Hinweis, dass wenn du nur schaust,
einfach nur anschaust, was ist
oder wie sich Leben durch dich ausdrückt,
dann erwirbst du die Kenntnisse davon,
was die Funktion und auch die Essenz von dem ist, was du anschaust.

Nichts leichter als das,
denn wir haben alle Fähigkeiten in uns
und wir können nur das nutzen, was in uns ist.

Niemand anderes im Außen, der vermeintlich an einem besseren Punkt
ist als wir, oder sogar besser ausgestattet ist, kann uns das geben.

Also müssen wir es in uns entfalten.

„Das Entfalten von uns bedeutet,
den Dieb auszusperren,
und dann zu schauen, was dein Eigentum ist,
also was deine Qualitäten sind.
Das ist alles.

Eine Kleinigkeit, oder?"

Es sei denn du hättest vielleicht die Tendenz, es dir nicht gut gehen zu lassen,
dir nichts zu gönnen.
Dann wird es schwierig.

Die „ich"-Idee beginnt mit dem Interesse an den „Gedanken"

Wo fängt das mit dieser „ich"-Idee an,
so dass es gut ist, wach zu sein,
um ihr nicht den Raum zu geben, dich zu berauben?

Das ist das Interesse an dem, was man Denken oder „Gedanken" nennt,
was tatsächlich lediglich Informationen sind,
die uns über das, was gerade in uns passiert, Aufschluss geben.

Das Interesse an den sogenannten „Gedanken" erscheint als Denken.
Und es erscheint so, als wärst du der Denker.

*„Aber weißt du und findest für dich selbst heraus,
dass du nicht der Denker bist,
dann halte dich gefälligst heraus.*

*Das heißt, sobald ein sogenannter „Gedanke" auftaucht,
weise ihn von dir,
denn es ist nicht deiner."*

Und wenn du die Botschaft verstanden hast, was Tiefschlaf ist,
dass das Erholung für dich ist,
dann erhole dich tagsüber auf diese Weise während des Wachzustandes.

Dann brauchst du nicht mehr ins Sanatorium zu gehen,
sondern dann ist der Alltag deine beständige Heilung,
Heilung von dem Nerv der „ich"-Idee.

Der Idee von Denken nicht verfallen zu sein,
öffnet dich in die Qualität,
die deiner wahren Identität entspricht
und die reine Entspannung für dein gesamtes System ist.

Es ist möglich, das jetzt schon zu leben,
nicht erst irgendwann.
Und das hängt nur davon ab, wo deine Aufmerksamkeit ist, wo sie ruht.

Wie real ist die „Realität"?

C. demonstriert uns heute wunderbar,
was Nicht-Realität ist.
Aus dem Nichts des schneebedeckten Waldes taucht da plötzlich ein Etwas auf,
was so aussieht als wäre es der C.
(Bei dem online Konferenz Programm Zoom verschwindet teilweise die
Person, wenn sie ein Bild als virtuellen Hintergrund hat,
und erscheint dann wieder.)

Dabei ist das, was da auftaucht, niemals wirklich wieder C.,
weil der ja auch in ständigem Wandel ist.
Das, was auftaucht, ist immer wieder irgendetwas anderes,
aber es trägt scheinbar dieselbe Kleidung
und hat auch scheinbar dasselbe Aussehen.

*„Aber tatsächlich ist es so, dass wir uns
wie auch die gesamte Existenz,
in jedem Bruchteil eines Bruchteils eines Bruchteils eines Momentes
neu zusammensetzen.*

*Weil es in einer so hohen Geschwindigkeit geschieht,
können wir es nicht nachvollziehen."*

C. hat uns jetzt in Zeitlupe demonstriert,

wie das ist, dass wir abtauchen
und dann wundersam plötzlich wieder präsent sind.

Und das geht die ganze Zeit so.

So habe Ich mir auch erklärt, dass es unter anderem aus diesem Grund
in unserem Universum und auch in uns zu Veränderungen kommen kann,
weil das, was davor abgetaucht war,
nicht wieder als das auftaucht.

Tja, so ist das mit dieser Reali-tät - wie real ist die?
„Real" wäre es für mich, wenn „ich" es tatsächlich „tät",
aber einen Täter gibt es nicht.
Das ist die Realität.

Der „Gedanke" „ich" reicht, um das „ich" an seinen „Ursprung" zurückzuführen

I: Du hast heute darüber gesprochen, das „ich" zum „Ursprung"
zurückzuführen. Das ist doch ganz einfach, d. h., ich brauche mich nur auf das
„Wer bin ich?"
zu fokussieren und dann bei dem „ich" zu bleiben.
Was muss man dann noch tun, um es zum „Ursprung" zurückzuführen?
Dran denken, das „ich" jetzt zum „Ursprung" zurückzuführen?
Oder reicht der Gedanke, bei dem „ich" zu bleiben?

Muni: Ja, beim „ich" zu bleiben reicht.
Und natürlich hilft dabei die Frage „Wer bin ich?",
denn sie bedeutet ja: „Ich will herausfinden, wer „ich" bin",
und damit bist du mit und bei dem „ich"
und seinem nicht existenten „Ursprung".

Du könntest genauso einfach nur sagen „ich", „ich", „ich", „ich",
oder dich an „ich" erinnern und bei dem „ich" bleiben.,
und du würdest dann,

automatisch da sein, wo der „Ursprung" des „ichs" ist,
nämlich da, wo tatsächlich kein „ich"
und damit auch nicht sein „Ursprung" ist.

Darin liegt die Lösung, auch wenn es so aussieht, als würde man,
wenn man sich auf das „ich" besinnt oder es im Blick hat,
sich nicht auf den „Ursprung" fokussieren
oder als würde man es dadurch eher bestätigen als es aufzulösen.
Aber tatsächlich löst man es damit auf.

I: Und wenn man nur allein sagt: „Ursprung", das reicht nicht?

Muni: Das reicht nicht,
denn es geht speziell darum, diese „ich"-Idee
zu ihrem „Ursprung" zurückzuführen.

I: Du hast auch gesagt, es gibt viele Möglichkeiten, es falsch zu machen,
und viele Menschen verstehen es nicht richtig?

Muni: Ja, es gibt so viele Möglichkeiten zu versuchen, sich zu verwirklichen,
es aber nicht hinzubekommen,
weil man mit den Mitteln, mit denen man es versucht,
tatsächlich die „ich"-Idee stärkt,
indem sie sich in ihrem Tun selbst bestätigt als ein „jemand",
der meint, dass er es tut, um frei zu werden,
aber tatsächlich bleiben will, wie er ist.

Da hilft nur dieses direkte das „ich" dahin versenken,
von wo es scheinbar, aber nicht wirklich auftaucht.

Und das heißt, wenn der Fokus total da ist,
bist du da, wo kein „ich" ist,
obwohl du dich auf das „ich" fokussierst.

*In dem Fokus auf das „ich", löst es sich auf,
so wie alles, worauf du dich mit deiner Aufmerksamkeit ausrichtest,
das auflöst, worauf du dich „beziehst".*

Den Fokus im Herzen zu haben führt nicht zur Auflösung der „ich"-Idee

M: Und wenn der Fokus im Herzen ist und es sich dann so leicht anfühlt?

Muni: Das ist die Falle.
Wann immer du deinen Fokus nicht auf das „ich" richtest,
sondern auf das Herz, weil du sagst, das ist leichter,
ist es ein Fokus auf ein Objekt,
woran es sich klammert.
Damit ist die Möglichkeit reduziert, dich von dem „ich" zu befreien.

Das ist zwar hilfreich vielleicht für einen Moment, wenn du anfangen willst,
dich selbst zu erforschen und dich dann zu entgrenzen
und dann einen Halt willst in Form von: „Wenn „ich" im Herzen bin,
dann kann „ich" mehr auf der Gefühlsebene nachvollziehen,
dass etwas passiert, das macht für mich Sinn."

Aber das führt nicht zur Auflösung dieser „ich"-Idee.

„Man muss der „ich"-Idee alles nehmen außer dem „Gedanken" „ich".

Ansonsten hat es wieder ein Objekt,
mit dem es sich auf etwas beziehen kann,
und damit besteht es weiter,
denn das „ich" definiert sich
oder bleibt scheinbar durch Beziehungsstrukturen am Leben.

Und Beziehung gibt es nur, wenn es etwas gibt, worauf es sich besinnen kann,
oder woran es sich festklammern kann.
Dann klammert es sich an das Herz und dann fühlt es sich gut an.

Es ist nichts falsch an dem, was auftaucht,
wenn du dich deiner wahren Identität öffnest.
Glückseligkeitsgefühle können auftauchen,
Gelassenheit taucht auf,
Präsenz taucht auf usw.

Das ist absolut nicht falsch. Das ist fein.

Aber sobald die „ich"-Idee darauf springt und sich daran festhält
und das durch die Frage „Wer bin ich?" als Resultat erwartet,
ist es Gefangenschaft.

Die ganzen Erscheinungen, die man sich erhofft,
wenn man die Selbsterforschung macht, sind eine Falle.

Ich höre das ganz oft, dass Menschen sagen:
„ich" weiß gar nicht, ob „ich" da richtig bin, denn wenn „ich" mich frage
„Wer bin ich?",
dann ist da nichts."

Da kann man nur sagen: „Wow, super, ein Sechser im Lotto",
denn da ist nicht irgend etwas zu finden.

„Das, was wir sind, ist nicht irgend etwas.

Das ist so subtil,
dass wir es noch nicht einmal wahrnehmen können,
aber es hat eine Wirkung auf uns.

Wenn das, was dann in dir auftaucht, frei von dir als der „ich"-Idee ist,
dann ist das genau das, was angestrebt ist.

Es gibt eigentlich nichts besseres
als wenn in der Frage „Wer bin ich?" nichts auftaucht."

Aber wer kann schon damit sein?

Daher gibt es diesen Einstieg,
sich z.B. auf das „Herz" zu fokussieren.
Dann hast du erst einmal einen Anker
und du kommst später darauf zurück.

Aber du musst dann irgendwann auch das „Herz" hinter dir lassen.

Daher gibt es nur wenige, die wirklich bereit sind,
sich dieser Nüchternheit zu stellen.

Aber das Resultat von der Nüchternheit
ist das Ende von Nüchternheit.

Das Resultat ist Glückseligkeit, ganz klar,
mit nichts weniger geben wir uns hier zufrieden.

Aber wenn wir das als ein Resultat erwarten,
dann ist das Gefangenschaft.

Es gibt kein „zurück zur Quelle"

J: Ich komme ursprünglich aus der buddhistischen Tradition,
in der es immer wieder hieß, zurück zur Quelle zu gehen.
Und mit Quelle ist das Göttliche gemeint oder das Einssein.
Ist das auch etwas, was man kündigt,
weil man kommt ja nicht wirklich zurück zur Quelle?

Muni: Ja, denn du kommst nicht wirklich irgendwo her
und du schaffst eine Distanz hinsichtlich
einer potentiellen Abwesenheit von dir von der „Quelle",
die gar nicht besteht.

Die Welt entsteht nicht aus der „Quelle" aus dem,
was man das Selbst oder Gott nennen könnte.

Die Welt entsteht aus sich selbst heraus,
aus dem Bewusstsein heraus.

Von daher gibt es nichts, was aus dem, was wir wirklich sind, auftaucht.

„Aus dem, was wir sind, taucht nichts auf."

Am besten ist, den Begriff „Quelle" wegzunehmen,
und sich stattdessen zu dem, was „Quelle" wirklich ist, hin zu orientieren,
was man ja will, wenn man sagt: „ich" will zurück zur „Quelle".

Wenn man zurück zur „Quelle" will,
sieht man sich noch von seiner Identität getrennt.

Worum es aber eigentlich geht, ist zu sehen,
da ist Identität und:
„ich" bin nicht davon verschieden.

Damit fällt dann eine „Quelle" weg
und es wird einfach nur richtig gestellt:

„ich" bin DAS.
„ich" bin DAS schon immer.
DAS ist meine Identität.

So ist mein Hinweis der,
sich seiner wahren Natur oder Identität einfach zu öffnen,
aber nicht als etwas, was dann kommen muss,
oder von dem man verschieden ist,
sondern es ist nur ein bewusstes sich bestätigen:
„ich" bin DAS.

So verstehe ich auch Meditation und jegliche Form der Annäherung
und auch die Frage, „Wer bin ich?"

Auch das Motto des Retreats
- In den Armen der Freiheit -
heißt ja nicht, dass wir da nicht sind,
sondern wir sind mittendrin,
und gehalten von uns selbst,
denn Freiheit sind wir selbst.
Es ist ja nur eine Idee, dass man sie erlangen muss.

„Erlangen" heißt, es dauert lange,
und das wird nie passieren.

Letzten Endes geht es um das Aufwachen aus diesem Wachzustand
in das wahre Sein,
was nicht von irgendeinem Zustand abhängig ist.

Dann gibt es keine Trennung mehr
und keine Idee und keinen Versuch,
zur „Quelle" oder sonst wohin zu kommen,
sondern Identität ist einfach.

Und das ist mein Wunsch,
dass wir uns in diesen Tagen bestätigen,
dass die Idee, „Ich bin nicht da, wo „ich" glaube, dass „ich" hin muss."
ersetzt wird durch die Realität:
„Ich bin sowieso schon da."

Das ist das Hase und Igel Spiel.
Der Igel ist schon da, wo der Hase hinzukommen versucht.
Da kann sich der Hase noch so anstrengen,
der Igel ist trotzdem schon da.

Meditation

Berührt von dir selbst

Wir öffnen uns unserer wahren Natur, unserer wahren Identität.

Wir registrieren wie unser Körper-Geist-Gefährt noch weiter herunterfährt
als es in der Stille der Fall ist.

Und es fährt noch weiter herunter.

Es öffnet sich in die Stille jenseits der Stille.

Und in diesem Zustand öffnen sich deine Zellen
und entlassen alles, was nicht deiner Identität entspricht.

Die Empfindungen gehen,
die „Gedanken" gehen,
deine Verhaltensweisen gehen,
deine Bedürftigkeit geht,
deine Zwänge gehen,
dein Minderwert geht
und die Angst geht aus deinem System.

Ganz sanft spürst du,
wie Berührtheit in dir aufsteigt,
- berührt von deiner Identität,
die jetzt als einziges noch in dir ist.

Berührt von dir selbst.

Sieh, wie sich diese Berührtheit in all deinen Zellen bemerkbar macht.

Und diese Berührtheit beginnt dein gesamtes Energiefeld zu durchdringen.

Diese Berührtheit lenkt deine Aufmerksamkeit auf deine Identität
und lässt sie dort ruhen.

Deine Aufmerksamkeit verschmilzt mit deiner Identität.
Da ist nur Identität.

Kein Du mehr anwesend,
aber Berührtheit präsent.

Sehnsucht nach Berührtheit

Es ist leicht zu sagen,
diese „ich"-Idee-Persönlichkeits-Geschichten-Drama-Horror-Gestalt
will nur frei oder glücklich sein.

*„Aber tatsächlich will sie endlich berührt sein von sich selbst
oder vom Leben,
- und Leben ist das, was man selbst ist,
nicht das, was passiert."*

Darunter geht eigentlich nichts, unter Berührtheit.
Alles andere, auch glücklich sein, selbst Freiheit ist nicht genug,
ist noch ein Mangel.

Das sollte unser Anspruch sein.
Bist du nicht tief berührt von dir selbst,
- auch wenn es häufig nur eine Ahnung in deinem Inneren ist
oder in den Tiefen deines Seins, -
dann gehst du nicht wirklich für die Wahrheit.

*„Der Drang, für die Wahrheit zu gehen, kommt aus dem Wissen,
dass es um die Erfüllung dieser Berührtheit geht."*

Und das Ende von dem Drang in dir
ist Berührtheit,

aber nicht „von irgendetwas",
sondern nur Berührtheit.

Denn, ist noch Berührtheit „von etwas",
befindest du dich noch in einem Zustand der Trennung.

*„Berührtheit ist, wenn alle Trennung aufgehoben
und alle Aspekte von dir aufgelöst sind.*

*Dann ruht auch deine Aufmerksamkeit in dieser sogenannten Identität,
in dem, was du bist."*

Indem der Versuch geschieht, immer wieder dahin zurückzukehren
und darin zu ruhen,
ebnet sich der Weg in diese Berührtheit.

Das heißt, das, was das Resultat am Ende ist,
ist das Mittel in der Öffnung für das Ende.

Und das Ende ist das Ende von deinen Tendenzen, deinen Empfindungen,
deinen „Gedanken", deinen Zwängen, deinen Ängsten, dem Minderwert,
all dem, was nichts mit dir zu tun hat.

Das ist dann auch nicht das Ende von dir,
sondern von dieser Täuschung, dieser Erscheinung,
die niemals wirklich in Berührtheit ist.

Was ergibt sich daraus?

„Nichts in dieser gesamten Existenz kann dich berühren,

außer, dass du DU bist.

Aber das ist nicht etwas."

Mehr kann man dazu eigentlich nicht sagen,
denn mehr zu sagen geht voll daneben.

Wieder berührt sein wollen heißt, sich auch dem Schmerz zu stellen

Warum ist es so schwer, berührt zu sein,
während es doch in uns die tiefste Sehnsucht ist
und die Fähigkeit dazu in jedem ist?

Das ist das sich Verschließen vor der Empfindsamkeit.

Und das sind die Ideen,
die mit dem Leben zu tun haben, was du bisher gelebt hast,
wo es so aussieht, dass die beste Strategie die ist,
dich vor unangenehmen Gefühlen zu schützen,
und Schmerz vermeiden zu wollen,
genau genommen den Schmerz, zu existieren.

In dem Moment, wo in deinem Bewusstsein auftaucht „ich existiere",
beginnt der Schmerz.
Und dieser Schmerz ist für die Qualität der Berührtheit nicht leicht zu nehmen.

Daher geschieht das sich Schützen vor sich selbst.
Und damit ist dann keine Berührtheit mehr zur Verfügung.

Wieder berührt sein zu wollen
oder vielleicht sogar überhaupt erst berührt sein zu wollen heißt,
es zu riskieren, sich dem Schmerz zu existieren, zu stellen.

Denn das ist der Grundschmerz in uns.
Nicht der, im Leben nicht zurechtzukommen.
Das ist eine Folge davon,
aber die Basis eines jeden Schmerzes ist die Idee:
„ich" existiere, „ich" bin das, was hier existiert,
„ich" bin die Form, die existiert".

Alles, was dann daran hängt, ist Ausdruck von Angst und Minderwert,
also von Defizit.

Berührtheit ist die Ebene der Öffnung in das,

was dann in dir nicht mehr auf die Idee kommen kann, dass etwas fehlt,
also Fülle selbst.

Perfekt ist, wenn das deinem Ausdruck entspricht,
dass er sich für diese Berührtheit öffnet.

Dann ist auch jedes Auftauchen von Schmerz,
von Erlebnissen aus der Vergangenheit
ein weiterer Schritt zur Erlösung dieser Erfahrungen
und zur Öffnung in die Berührtheit.

Dann begrüßt du das, wovor du davor davonlaufen musstest,
wenn du weißt:
„Das, was auftaucht, ist eine Erlösung.“

Alles, was an Schmerz in dir ist und auftaucht,
- und auftauchen muss es, wenn es als Schmerz registriert ist, -
ist eine Erlösung.

Sogar Berührtheit ist eine Erlösung.
In jedem Moment, wo du berührt bist, bist du deswegen berührt,
weil sich etwas in dir erlöst.

Also ist Erlösung für dich das Mittel, um schon beim Auflösen
in dieser Berührtheit sein zu können.

„Alles, was sich erlöst,
lässt diese Berührtheit in dir auftauchen.“

Wird das zu einem Erleben von dir,
zu einem tieferen begleitendem Verstehen,
dann ist Dankbarkeit die Folge von Berührtsein.

Und ist Dankbarkeit, gibt es kein Defizit mehr in dir.

Erst wenn Dankbarkeit als dauerhafter Zustand sein kann,
hört das Streben nach Berührbarkeit in dir auf.

Wahrheit und Illusion

Ö: Du sagst, dass die Objekte und die Welt Illusion sind.
Wie kann ich das erkennen?

Muni: Wenn wir die Realität mit der Illusion vergleichen,
können wir sagen, dass die Realität dadurch definiert ist,
dass sie immer ist
und sich nie verändert.

Die Realität ist das, was du nicht greifen kannst,
was keine Eigenschaften hat,
alles durchdringt,
nicht vergeht
und immer mit sich selbst identisch ist.

Illusion dagegen ist etwas, was nicht als Wirklichkeit existiert
und sich in ständiger Veränderung befindet,
sie wechselt die ganze Zeit ihre Ausdrucksformen.

Die Illusion kommt und geht,
erscheint so als wäre sie real,
und ist für dich in tiefem Schlaf nicht präsent.

Daher gehört sie nicht zum Reich der Realität,
da die Wirklichkeit dadurch gekennzeichnet ist,
dass sie die ganze Zeit anwesend ist,
auch während du tief schläfst.

Ö: Sind „Gedanken" und Gefühle auch Teil der Illusion?

Muni: Ja, sie beinhaltet alles.

„Unsere gesamte Existenz ist eine Illusion."

Aber wir können nicht sagen, dass die Illusion nicht vorhanden ist,

denn sonst könnten wir nicht darüber sprechen.
Aber sie ist nicht das, was wir denken, das sie ist.

Ö: Woher kommt die Illusion?

Muni: Sie kommt von nirgendwoher,
sie ist schon immer da,
sie ist niemals erschienen.

So wie die Wahrheit auch schon immer da ist.

Ö: Die Realität kann nicht wahrgenommen werden?

Muni: Du kannst nur die Wirkung der Wahrheit oder der Realität
wahrnehmen.

Wenn du deine Aufmerksamkeit auf die Wahrheit richtest,
dann können deine Sinne die Wirkung davon ausdrücken.
Du kannst dann für dich Klarheit,
Gelassenheit,
Glückseligkeit,
Freude,
Frieden,
Stille empfinden.
Es gibt viele Formen von Wahrnehmungen, die eine Folge davon sind,
dass du auf die Wahrheit eingestimmt bist.

Aber die Wahrheit selbst kann nie wahrgenommen werden,
weil sie keine Form hat.

Die Qualität, die sie hat,
die eine subtile hochfrequente unveränderliche Energie ist,
kann aufgrund der langsamen Wahrnehmung
von niemandem erfahren werden.

Aber diese hohe Schwingung verursacht in uns,
wenn wir unsere Aufmerksamkeit auf die Wahrheit richten,

dass sich unsere Schwingung erhöht,
unser System stiller wird,
sich immer mehr für die Wahrheit als für die Illusion interessiert
und beginnt Freude, Glückseligkeit etc. wahrzunehmen.

Brahman und sogenannte Leere ist dasselbe wie unsere wahre Identität

Ö: Ist das, was du unsere wahre Identität nennst, dasselbe wie Brahman?

Muni: Ja. Aber ich nenne es nicht Brahman,
weil es so aussieht, da es einen Namen hat, als sei es eine Form
und damit ein Jemand,
was ja nicht der Fall ist.

In Indien, in der spirituellen Sprache Sanskrit wird unter Brahman
nicht verstanden, dass das ein Jemand ist.
Aber der Name kann in unserer westlichen Kultur bewirken,
dass man es als etwas „persönliches" nimmt,
aber Brahman ist absolut unpersönlich,
hat keine Form,
es ist die Qualität unserer Identität oder wahren Natur.

Ö: Und ist das dasselbe, was Buddha als Leerheit bezeichnet?

Muni: Ja, was jedoch niemals leer ist,
da es eine Qualität von subtiler hoher Schwingung ist.

Leere oder Leerheit ist niemals leer.

Aber es ist leer „von etwas", wenn wir es als leer erleben,
da es leer von uns ist,
von den Qualitäten von uns als Mensch,
von unseren Tendenzen
und allem anderen, was so aussieht, als wären wir das.

Wenn unsere Tendenzen weniger und weniger werden,
fühlt es sich mehr und mehr leer an
bis es zu dem Punkt kommt, auch in Meditation,
dass alles, einschließlich man selbst, als leer erscheint.
Aber das ist nur eine Wahrnehmung von Leere von einem selbst
als sogenannte Person und von den Tendenzen.

Aber das, was bleibt,
wenn Leere von einem selbst als Person wahrgenommen wird,
ist Brahman oder deine wahre Identität.

Es ist also niemals leer.

Wenn es leer wäre, gäbe es keine wahre Natur.

Ö: Nichts kann leer sein.

Muni: Ja, Leere existiert nicht,
denn wenn etwas leer wäre,
könntest du nicht einmal wahrnehmen, dass es leer ist.

Und wenn die Basis von allem, was zu existieren scheint, Leere sein sollte,
dann würden wir überhaupt nicht existieren,
und wir könnten nicht darüber sprechen,
dass wir existieren oder nicht existieren.
In der Leere gibt es absolut nichts.

Leere existiert nicht,
weil alles, was in der Leere existieren würde,
auch leer wäre.

Nothing ever happened

Wir gehen niemals wieder in das ein, was unsere Natur ist,
denn wir sind ja nie davon getrennt, nie herausgetreten.

Das heißt, wir können den Satz, der sich auf die Biographie von Papaji bezieht,
darauf so anwenden:
Nothing ever happened -
Nichts ist jemals passiert.

Das bezieht sich auf unsere Natur auch jetzt zu Lebzeiten.
Es hat sich nichts daran geändert,
dass du DAS bist.

Verwirklichung bedeutet nur, dass das jetzt bewusst realisiert wird,
was schon ist.

Solange sich Freiheit nicht zeigt, bist du in Bedürftigkeit

Ganz wichtig ist zu sehen, dass sich Bedürftigkeit dadurch ausdrückt,
dass sich Freiheit nicht zeigt.

Denn die Bedürftigkeit ist das,
was uns zu unserem Verhalten drängt,
das uns immer mehr von der Wahrheit entfernt,
von der Bestätigung der Möglichkeit, Not-frei zu leben.

Das ist ja die Intention einer „ich"-Idee: glücklich zu sein, keine Not zu haben,
nicht unter zu gehen, nicht falsch zu sein.
Um dem zu entkommen, entwickelt man Strategien.
Entkommen heißt,
man versucht bestimmte Aspekte einer Persönlichkeit zu stabilisieren,
so dass sie einem das Gefühl von Stabilität oder von Kontrolle geben.

Das heißt, man entfernt sich von sich selbst.
Das führt zu immer mehr Bedürftigkeit.

Deswegen auch immer der Hinweis,
eine „ich"-Idee geht nur für ein Resultat,
sie braucht und will immer etwas, und macht aus allem ein Geschäft.

„Solange sich Freiheit nicht zeigt, ist man in Bedürftigkeit."

Und die Bedürftigkeit ist immer eine alte Geschichte,
immer noch die Kindstruktur,
also immer noch das Verlangen,
und auf heute angewendet:
„ich will, dass es endlich passiert, dass mir jemand anderes oder das Göttliche
oder Ramana oder ein spiritueller Lehrer jetzt endlich die Freiheit serviert."

Tatsächlich stimmt ja auch,
dass du ja nichts machst
und dir alles serviert wird.

Könntest du das mehr sehen,
wärst du aus der Bedürftigkeit heraus
und wüsstest:

„Alles entfaltet sich, wie es muss,
und kann nicht anders sein.
Und:
Ich habe keinen Anteil daran."

Der Schmerz zu existieren

Der Schmerz beginnt damit, zu existieren.

Wichtig ist daher, dass man nicht ständig nach irgendwelchen Umständen
sucht, sich damit beschäftigt und darin verliert,

sondern weiß, die Idee, „ich" existiere
oder diese Wahrnehmung davon, „ich" bin jetzt hier,
ist ein Problem,
weil wir nicht das sind, was hier ist.

Da ist ja nichts.
Nur das Gewahrsein, das registriert.

Und dann ist da plötzlich eine Ansammlung von Energie
und von Ja's und Nein's
oder für etwas sein und gegen etwas sein.

Gleichzeitig wissen wir auf einer Ebene:
„Eigentlich bin „ich" das nicht,
und „ich" muss mich mit dem auseinandersetzen, was „ich" nicht bin,
mit dem „ich" eigentlich gar nichts zu tun habe."

Das ist uns so fremd und auch so erschreckend,
nicht aushaltbar,
so dass wir davor immer flüchten.

Jedes System hat dafür eine andere Strategie.
Damit baut es, obwohl es etwas Positives für sich erreichen will,
eine negative Persönlichkeit auf.
Und an der ist dann das Bewusstsein so interessiert,
dass es die noch nicht einmal entlassen will,
obwohl es nur weh tut.
Das ist die Lage, in der man ist,
wenn man glaubt, dass man existiert.

F: Weil ich existiere, habe ich ja das ganze Dilemma.

Muni: Ja, und du hängst trotzdem an der Existenz.
Das ist ja das Paradoxe.

Und das ist der Konflikt zwischen den Ja's und Nein's:
„Ja, „ich" will die Tendenzen loshaben,

aber wenn „ich" sie loshabe,
dann bin „ich" mit der nackten Existenz konfrontiert,
die „ich" nicht aushalten kann."

F: Und die nackte Existenz fühlt sich wie an?

Muni: Grauenhaft,
weshalb es ja diese Notprogramme des Entkommens gibt,
gut drauf sein oder speziell schlecht drauf sein,
sich durch irgendetwas definieren,
um weiter existieren zu können.

Die „ich"-Idee selbst ist ja schon ein Notprogramm,
es ist ja eine Illusion, eine Täuschung.
Eine Täuschung hält sich nur am Leben,
indem sie sich an anderen Aspekten von Täuschungen festhält.
Etwas anderes hat eine Täuschung nicht.

F: Also geht es jetzt darum, das zu spüren, wie grauenhaft es ist, zu existieren.
Das stimmt ja eigentlich, das ist ja nur pure Angst letztendlich.

Muni: Und zu sehen, ob sie dich umbringt,
und dich zu hinterfragen:
„Bin „ich" wirklich das, was hier existiert?"

Satsang ist die vollständige Umkehr

Das ist ja, was Satsang ist: die vollständige Umkehr, die sagt:
„So meine Liebe, jetzt schauen wir mal, was die Wahrheit ist."

Was ist denn die Wahrheit?
Existierst du denn wirklich?
Was ist es denn, das existiert?

F: Das, was grauenhaft ist.

Muni: Warum beschäftigt sich das, was existiert und sagt
„das ist grauenhaft" nicht mit dem,
was es aus dem Grauenhaften befreit?

Das wäre Satsang.

„Schau da hin, wo gar nicht der „Gedanke" auftaucht, dass du existierst."

Das ist, was Sadhana ist:
Die Öffnung in das, was du bist,
das immer wieder Gewahrwerden, „DAS bin ich."

Das ist ein Umlernprogramm für das Bewusstsein,
so dass es anfängt, sich mit dem zu beschäftigen,
worin es nicht ständig noch einen Halt sucht,
- und den auch schon gar nicht in Angst und Minderwert,
also in Notprogrammen, -
sondern dass es sieht: „Ich brauche gar keinen Halt."

Und dann taucht Entspannung auf
und Freiheit und Glückseligkeit und all das,
eben die Zufriedenheit, die da ist,
wenn man sich nicht mit irgendetwas identifiziert, was man nicht ist.

F: In der Praxis ist es so, dass dann schon Berührtheit auftaucht,
wenn so eine Öffnung kommt. Und das ist sehr schön.

Muni: Wenn du dann an diesen Erlebnissen der Schönheit hängst,
potenzierst du wieder einen Aspekt der Täuschung.

Es geht darum, mehr und mehr zu sehen,
dass du als höchster Ausdruck im Körper Gewahrsein bist.
Du hast noch nicht einmal etwas mit Glückseligkeit zu tun.

Als Folge dieser Erkenntnis kann sein,
dass wahre Glückseligkeit auftaucht.

Das lässt sich dann nicht verhindern.

F: Okay, das sind gute Aussichten.

„Ich bin Gewahrsein" heißt zu sehen, da taucht ein Aspekt auf,
z.B. Berührtheit, Schönheit oder Glückseligkeit,
und dann taucht ein anderer Aspekt auf, z.B. Schmerz,
aber „ich" bin einfach nur Gewahrsein.

Muni: Richtig. Dir wird gewahr, dass du Gewahrsein bist,
denn du bist praktisch ein Ausdruck von Bewusstsein,
der Gewahrsein zur Verfügung hat,
und der sich von sich selbst befreit,
indem er in sich ruht,
oder anders gesagt, sich nicht mit dem beschäftigt,
was vom Gewahrsein ablenkt.

Alles, was davon ablenkt, geht in die Identifikation von:
„ich" existiere" und „ich" bin jemand."

Das Bewusstsein selbst, das darunter leidet,
aber auch das Leid produziert,
muss das Leid leid sein,

Dann kann es sagen:
„Tut mir leid,
ich habe für Leid
keine Zeit! -

und keine Lust darauf;

„ich" will das sein, was „ich" bin ,
und nicht irgendetwas anderes, was „ich" nicht bin."

Das, was du bist, zu deinem Geliebten machen

Wenn du frisch verliebt bist, also eine Geliebte oder einen Geliebten hast,
dann bist du total darauf fokussiert,
dann kann dich nichts davon abbringen,
dann wird es sogar schwierig, all deine Pflichten zu erfüllen,
die es zu erfüllen gibt.
Deine Aufmerksamkeit weilt ständig dort.
Niemand muss dir sagen: „Menschenskinder, du bist doch frisch liiert
oder hast doch eine Geliebte,
warum denkst du nicht an sie? Denke doch bitte an sie."
Sondern es ist ganz selbstverständlich der Fall.

Hast du aber mehrere Geliebte, dann wird es schwierig,
allen gerecht zu werden oder überhaupt einer gerecht zu werden,
denn im Hintergrund lauern immer die anderen Geliebten.

Das ist die Position des „ich".
Das „ich" hat jede Menge Geliebte und keinen, der so intensiv geliebt wird,
dass die anderen hinten runter fallen, nicht von Interesse sind.

Es gilt, diesem „ich" einen Geliebten zu präsentieren,
der für es immer frisch ist,
so dass es keine Konkurrenz gibt
und die Aufmerksamkeit immer da sein kann.
Dann sind beide zufrieden, die Liebende und der Geliebte.

Übertragen auf das, worum es uns hier geht:
*„Die Verwirklichung braucht das, was verwirklicht werden soll,
als Geliebte oder Geliebten."*

Tatsächlich gibt es keine bessere Geliebte,
denn das ist die einzige Geliebte, die immer frisch ist,
nie alt wird, immer aktuell ist, immer begeistert,
und von der du nicht lassen kannst,
hast du dich einmal eingelassen.

Darum geht es uns,
denn andernfalls ist diese „ich"-Idee
in der Faszination von verschiedenen einzelnen Facetten verloren,
die jeweils für sich genommen nicht wirklich viel Energie beanspruchen,
aber insgesamt dem System die ganze Energie rauben.

„Besinnst du dich auf deine wahre Natur,
hat der Wahnsinn dieser „ich"-Idee,
alles zu nutzen, um sich selbst zu bewahren und zu bestätigen,
seine Kraft verloren.

Besinnst du dich auf das, was du bist,
bist du nach und nach in deiner Kraft
und alles, was an Potenzial in dir ist,
verwirklicht sich."

Es erstaunt mich immer wieder, dass es Menschen gibt,
die gar keine Sadhana haben,
aber schon lange glauben, dass sie unterwegs sind oder es auch sind,
und von sich auch sagen, dass sie sich verwirklichen wollen,
aber sich dann auf den Körper oder auf gute Gefühle besinnen,
aber nicht das Wesentliche im Blick haben.

Sie haben keine Methode,
mit der sie sich ausschließlich auf das fokussieren können,
was als das Wesentliche im Leben
im Fokus sein sollte.

„Denn in das, was man will, muss man investieren.

Die „ich"-Idee investiert sonst in alles mögliche, was für dich selbst,
- du bist ja nicht die „ich"-Idee, -
eine Beleidigung ist,
zumindest nichts, was dich erfüllt."

Dieser innere Fokus ist nicht etwas,
das vom Himmel fällt

und sich in dir von alleine etabliert,
sondern ist etwas, das es genauso zu etablieren gilt,
wie sich diese scheinbare „ich"-Idee mit der Zeit
durch das Investieren in das „ich"
überhaupt erst entfaltet hat.

Wir müssen das, was in uns Leid bewirkt,
was uns dazu animiert, Verhalten auszudrücken, das uns selber nicht gefällt,
mit einer Qualität ersetzen,
von der wir wissen, es lohnt sich, in sie zu investieren.

Und jeder, der sich verwirklichen will,
muss den Zugang zu sich selber finden.

Dazu gibt es entsprechende Mittel.

Das wesentliche Mittel ist die Frage: „Wer bin ich?"
Wir können auch sagen, das „ich" im Fokus zu haben, ist das Wesentliche,
denn vor allen „Gedanken", die auftauchen,
ist das „ich" der erste „Gedanke".

Das heißt, das „ich" hat die größte Bedeutung in deinem Leben,
„ich" als das, was du nicht bist,
wurde zu der größten Bedeutung in deinem Leben.

ICH als das, was du bist,
muss zur größten Bedeutung im Leben werden,
um dieses kleine „ich", was vor jedem „Gedanken" steht
und eigentlich auch nur aus „Gedanken" besteht, zu reduzieren
bzw. für dich als nicht existent zu erkennen.

Wie erlösen wir dieses „ich" als dieser „Gedanke",
der vor allen anderen „Gedanken" ist?

„Indem wir kurioserweise mit unserer Aufmerksamkeit bei dem „ich" sind,
so dass danach kein weiterer „Gedanke" mehr auftauchen kann."

Das ist die einzige Möglichkeit,
- dort zu verweilen,
von wo dieses „ich" und alles andere, was da dranhängt, auftaucht,
also deine ganze Geliebten-Sammlung.

„Gelingt es dir mit deinem Fokus die ganze Zeit bei dem „ich" zu sein,
haben „Gedanken" keine Chance, in dir aufzutauchen."

Dann verlassen dich deine ganzen Geliebten,
oder andersherum gesagt, du hast dann deine Geliebten verlassen,
nachdem du durchschaut hast, dass deine Geliebten dich reduzieren
und dich in deiner Qualität nicht unterstützen.

Bleibst du mit deinem Fokus bei diesem „ich"
oder auch „ich"-Gefühl,
dann ist es nicht anders als, verzeih mir das,
wie bei einem Hund, der eine Fährte aufgenommen hat
und sie unbeirrt verfolgt.

Mit dieser Intensität muss das prinzipiell passieren,
denn sonst ergibt sich diese „ich"-Idee nicht.
Die ergibt sich nie von alleine.
Das heißt, man muss ihr diese Energie abgraben, die sie sonst nutzt,
um sich in den „Gedankenfeldern" zu bewegen,
also in den Sphären der Geliebten.

„Gelingt es dir, mit deinem Fokus die ganze Zeit dabei zu bleiben,
dann sinkt das „ich" in seinen „Ursprung" zurück,
wird darin aufgelöst
und verschwindet.

Das, worin es verschwindet, nennt man das Herz.

Es ist aber eigentlich das, was du bist."

Das ist der Weg und das Mittel, um diese „ich"-Idee,
also die Täuschung, dass es jemanden gibt, der existiert,

und der in dir bestimmt, was passiert,
zu eliminieren.

Willst du dich verwirklichen,
gibt es für dich gar kein anderes Mittel als das!

Alles andere sind Annäherungen und Öffnungen in Qualitäten und Zustände,
die zugegeben besser sind
als in der Mittelmäßigkeit der Identität mit dem „ich" zu leben,
aber sie sind nur Erweiterungen des „ich".

„Willst du wirklich die Freiheit,
brauchst du eine Sadhana, die das „ich" in seine Schranken verweist.

Und das braucht nicht mehr als deine Aufmerksamkeit,
die du ja prinzipiell zur Verfügung hast."

Aber du hast sie in alles mögliche andere investiert,
das dir nichts gibt.

Es gilt jetzt, für dich zu schauen:
Wofür entscheidest du dich?
Was ist es, was du wirklich willst?
Und wie weit willst du damit gehen?

„Ich kenne nichts Einfacheres als sich auf ein „ich" zu fokussieren
und damit keiner anderen Qualität eine Chance zu geben."

Aber hast du noch jede Menge Geliebte, wird es schwierig.

Das heißt, es gilt dann, entscheidest du dich für die Verwirklichung,
die Geliebten zu verlassen.

Wir haben jetzt neben der Kündigung der „Gedanken" und der Geschichten
und des Verhaltens, das für uns nicht stimmt,
auch noch das Thema, das hinter uns zu lassen,
von dem wir häufig fasziniert sind,

nämlich das sogenannte Geliebte.

„Wird das, was du bist, zu deinem Geliebten,
dann ist das der beste Deal, den du machen kannst."

Denn dieser Geliebte wird nie älter, wird nie schal,
wird dich nie betrügen,
ist immer da, immer identisch,
immer so wie du ihn kennst oder kanntest, immer frisch.

Soweit die Werbeansage für Verwirklichung.

Die Freiheit sorgt für die, die für sie gehen

Du siehst, die Idee, nicht unterstützt zu sein,
vom Leben nicht das serviert zu bekommen, was wesentlich ist,
kann komplett verschwinden,
um dann zu sehen,
du bist versorgt.

Jeder, der für die Wahrheit geht,
ist nach meiner Erfahrung getragen, unterstützt auf allen Ebenen.

Es kann nicht immer direkt nachvollzogen,
nicht immer deutlich gesehen werden.

Aber das Prinzip, wenn man für die Freiheit geht, ist,
dass man sieht,
dass die Freiheit für einen selber geht,
auch in Bereichen, wo man nicht vermutet, dass das der Fall sein kann.

S: Ja, das stimmt, das habe ich so erfahren,
wo ich nie gedacht hätte, dass das so ist.
Danke nochmal!

„Hast du eine gute Sadhana,
bekommst du mehr und mehr die Gewissheit,
dass das, was sich ausdrückt,
sich einfach ausdrückt
und nicht von dir abhängig ist.

Diese Gewissheit ist erst dann, wenn sich das „ich" mehr und mehr reduziert.

Also braucht es eine Sadhana, die das „ich" sozusagen untergehen lässt."

„Der Fokus auf der „ich"-Idee bedeutet,
du wirst all deine Probleme los.

Das ist natürlich für viele ein Problem,
problemlos zu sein,
weil sie sich durch Probleme definieren."

ॐ

„Denkst du nicht mehr,
ist alles gut.
Irgendwann reicht es doch mal mit dem Denken, oder?

Den Vertrag gilt es zu kündigen, dass irgendwann einmal
durch den ganzen Wahnsinn Glückseligkeit dabei herauskommt.
Das ist noch nie passiert.

Wahnsinn führt zu Wahnsinn.

Aber Glückseligkeit auch zu Glückseligkeit.
Bist du in sie geöffnet
und schaffst du die Resonanz dazu in dir,
wirst du von ihr verfolgt, ob du willst oder nicht."

Meditation

Am „Ursprung" des „ich"

Du siehst dich in deine wahre Natur, in deine Identität geöffnet.

Du siehst dich von ihr vollkommen durchdrungen.

Das Einzige, was du gerade wahrnimmst, ist deine Identität.

Animiert durch deine wahre Identität taucht in dir die Frage auf:
„Wer bin ich?"

Mit dieser Frage folgst du jetzt dem „ich" zu seinem „Ursprung",
dahin, von wo es auftaucht.

Sei jetzt dort,
an dem „Ursprung" dieses „ich".

Du kannst es dir wie eine Flussmündung vorstellen,
die in deine Essenz mündet.

Dort taucht kein „Gedanke" auf.

Du spürst wie dieses „ich", diese Illusion, die der Erfahrende ist,
beginnt sich aufzulösen
und mit ihm dein gesamtes Weltbild.

Du bist dir dieser subtilen Schwingung deiner wahren Identität gewahr
während du darin eintauchst.

Und du spürst wie sich das „ich" in deiner körperlichen Form auflöst.

Ohne deine Erfahrungen bist und bleibst du

am „Ursprung" dieser „ich"-Idee jetzt präsent.

Du bist jetzt dort, bevor das „ich" auftaucht,
bevor irgendetwas passiert und passiert ist,
vor Zeit und Raum,
selbst ohne Gewahrsein,
im Tiefschlaf während des Wachseins.

Sieh nun wie dein gesamtes System
sich jetzt dem Ozean der Glückseligkeit öffnet.

Ruhen im „Ursprung" des „ich"

Mit jedem Auftauchen der Frage: „Wer bin ich?",
mit jeder Hinwendung an den „Ursprung" dieses „ich",
bekommt diese „ich"-Idee den Treibstoff dafür,
sich dahin zu orientieren,
wo es zu seiner Auflösung führt.

Das ist das Licht für die Motte.
So ist das sich dort Aufhalten, wo das Auflösen der „ich"-Idee beginnt,
der Treibstoff für die „ich"-Idee,
sich dieser Auflösung zur Verfügung zu stellen.

Mit der Zeit geschieht dann der Anschluss an diese Strömung,
wie wenn man an eine Wasserleitung angeschlossen ist,
die dann im Untergrund in dir immer wieder diese Frage hervorbringt,
und damit immer wieder die Öffnung
an diese Mündung in den Ozean der Glückseligkeit.

Möglicherweise muss sich die „ich"-Idee am Anfang damit zufrieden geben,
dass das Resultat des sich dort Aufhaltens
sich nicht gleich als Glückseligkeit zeigt,
sondern als still und vermeintlich ereignislos.

Aber sei dir dessen bewusst:
„Wann immer diese Verbindung hergestellt ist,
- die ja eigentlich als Verbindung gar nicht existiert,
sondern als ununterbrochene Identität, -
potenziert sich diese Qualität in dir, dieser Strom in dir,
der „dich" dann immer wieder ruft."

Es ist ja diese „ich"-Idee, die gerufen wird, sich selbst zu opfern,
während sie glaubt, dass sie auf ihr Vergnügen zusteuert.

Man muss das „ich" an seiner schwächsten Stelle fassen,
und das ist die, zu sehr von der Glückseligkeit fasziniert zu sein,
genauso wie von der Möglichkeit, glücklich,
schmerzlos,
und in Freude und Begeisterung zu sein.
Das ist die Schwäche dieser „ich"-Idee
- und gleichzeitig ihre Stärke, -
dass sie in dieser Faszination davon ausgeht,
weiter bestehen zu bleiben,
sodass sich die Angst, nicht mehr zu sein, verflüchtigt.

Es gilt dann die Waage herzustellen zwischen der Angst nicht mehr zu sein,
und den Möglichkeiten, die die Öffnung in das, was wir sind, bieten,
um diese „ich"-Idee einerseits zu begeistern,
andererseits die Begeisterung in Grenzen zu halten,
sodass es nicht diese Schaukel gibt von Schönheit und Hässlichkeit
oder von Freude und Trauer und Frust,
sondern dass das möglichst ausgewogen ist.

Das geschieht, je mehr sich die „ich"-Idee dort aufhält,
wo ihr „Ursprung" ist, in der Frage „Wer bin ich?".

Und es geschieht durch die Einsicht,
die Aufregung von dir fernzuhalten.
Es ist wichtig, in einer gewissen Dosis von Begeisterung zu sein,
aber nicht zu viel,
denn zu viel ist immer schädlich.

Bis zu einem gewissen Grad muss man sich seine Tendenzen anschauen.
Aber die sind ja ganz einfach zu durchschauen,
das sind ja immer nur Angst und Minderwert, sonst nichts.

Dann gilt es, hinter deine Geheimnisse zu kommen,
hinter das, was du vor dir und anderen zu bewahren versuchst,
weil es dir unangenehm ist.

Wenn du das getan hast, dann hast du die Basis dafür,
dass du die wesentlichen Bereiche dieser „ich"-Idee nicht mehr bedienst
und dich dann mehr und mehr diesem Frieden näherst,
und dich darin aufhältst,
in dem dann immer weniger Turbulenzen auftauchen.

Je weniger Turbulenzen auftauchen,
desto mehr Freude taucht auf,
desto mehr Glückseligkeit taucht auf.
Das ist nicht zu vermeiden.

Ist eine vollkommene Öffnung von dir in den erwartungsfreien Raum,
dann taucht die Glückseligkeit auf,
denn die steht immer schon vor der Tür
und „wartet darauf", dass du sie aufmachst.

„Die Tür aufmachen" heißt nicht,
dass du als das „ich" die Tür öffnest
und herein gehst, sondern dich einfach da aufhältst,
ohne irgendeine Intention,
weder die, irgendetwas zu vermeiden,
noch die irgendetwas zu verlangen,
also weder dich selbst oder deine Erfahrungen zu vermeiden,
also deine Vergangenheit,
noch Hoffnung in die Zukunft.

Denn all das weist auf dein Defizit hin.
Und mit deinem Defizit lässt sich keine Verwirklichung erreichen,
auch wenn der Beginn der Idee von Freiheit darauf basieren mag,

dass du in einem Defizit bist, also in Not bist oder es dir nicht gut geht,
und du natürlich zufrieden und glücklich sein willst.

Aber jegliche Not hält dich in deinem gewohnten Verhalten
und daher gilt es, sie zu durchschauen und zu transzendieren
und dich dann mehr in den sattvischen Bereich,
den Bereich der Harmonie zu begeben,
von wo aus keine Aufregung mehr angestrebt werden kann.

„Wenn es gelingt, dich immer wieder an dem „Ursprung" aufzuhalten,
von dem aus diese „ich"-Idee auftaucht,
- entweder in der vollen Aufmerksamkeit auf dem „ich",
oder in der Frage „Wer bin ich?" zu verweilen, -
löst sich die „ich"-Idee mehr und mehr auf."

Das ist dann die Basis dafür, immer mehr in dir,
in deiner Identität zu ruhen.

In diesem darin Ruhen kann die „ich"-Idee nicht mehr bedient werden.

Ich weiß, das ist für den Verstand zu wenig, er ist unterfordert.
Er bestätigt sich dadurch,
dass es etwas gibt, was er managen kann,
und so kompliziert ist, dass es niemand anderes hinbekommt.

Aber die Wahrheit ist nun einmal:
Freiheit ist dann, wenn der Verstand nicht ist.

Solange er regiert, wird er versuchen, die Mittel,
die du nutzt, um dich zu befreien, zu untergraben.
Davon kannst du ausgehen.

Alles, was außer dem „ich-Gedanken" in dir auftaucht,
gilt es zu vermeiden wie der Teufel das Weihwasser.

All das ist natürlich auch gleichzeitig zu viel für die „ich"-Idee, die ja sagt,
„Das ist zu einfach!"

Daher gilt die Anweisung:

„Übertrage es dem „Universum",
sage ihm, es soll dich befreien,
weil du es nicht hinbekommst.

Das ist die Bankrotterklärung des Verstandes,
ohne die es nicht geht:
„ich" kriege es nicht hin,
„ich" kann mich nicht einfach auf- oder hingeben,
„ich" versuche mich eher zu bewahren.

„Universum" du bist dran,
mach das!

Du hast den Wahnsinn angerichtet,
jetzt räum auch bitte auf."

Und das funktioniert.

Denn, von wem kommt diese Idee?
Auch vom „Universum".

Das „Universum" ist heiß auf Handlung.
Es ist so.

Das „Universum" selbst ist ein Überlebensprinzip,
das sich durch Handlung weiter am Leben zu halten scheint.
Und du als die Form bist ein kleiner Baustein dieses Bewusstseins.

Solange du dich als die Form siehst,
bist du jemand, der sich zu bewahren versucht.

Aber, kann man das, was nicht ist, bewahren?
Denn all das fällt unter den Begriff der „Maya".
„Maya" heißt nicht Biene,

sondern „das, was nicht ist".
Das, was nicht ist, bewahren zu wollen, ist verrückt.
Das kann sogar der Verstand verstehen.

„Also sei da, wo es nichts zu bewahren gilt.

Das bedeutet für dich, einfach da zu sein,
anwesend zu sein,
in Entspannung zu sein,
nicht mehr beschäftigt zu sein mit dem Bewahren oder etwas zu erreichen."

Das, was nicht ist, muss auch nicht versorgt werden,
man muss sich nicht darum kümmern,
man muss es nicht verabschieden.

Die klare Anweisung ist:

„Sei, was du bist,
sei das einfach, in dem das Gewahrsein als einziges ist, was anwesend ist.

Das ist das Ende von Tun,
von der Idee, dass du jemand bist, der etwas tut."

„Wäre das „Universum" an Freiheit interessiert,
dann wären alle frei
und es gäbe überhaupt keine Idee von Unfreiheit.

Das „Universum" ist prinzipiell an Erhaltung interessiert.
Es ist nun einmal die Grundenergie des „Universums",
sich zu bewahren.

Dass ein Aspekt des „Universums" an Freiheit interessiert ist,
ist ein Unfall."

Dem „Universum" einen Auftrag zu erteilen, ist ein humorvoller Ausdruck für: Es muss geschehen

M: Einerseits hast du jegliche „höhere Macht" abgeschafft.
Aber jetzt sprichst du vom Universum, wie wenn es eine „höhere Macht" wäre.
Wie geht das zusammen?

Muni: Wenn wir davon sprechen, dem „Universum" einen Auftrag zu erteilen,
uns zu befreien,
oder wenn wir sagen: „Das „Universum" tut dies oder jenes,"
ist das ein bisschen personifiziert, -
wobei das „Universum" als personifiziertes Wesen nicht existiert.

Du darfst das nicht allzu ernst nehmen.
Aber damit ist dennoch gesagt:
„ich" als Individuum bekomme es nicht hin,
diese Aufgabe zu bewältigen, mich zu befreien.
Also übernimm' du!"
Es muss eine dir überlegene Qualität sein, die das bewältigt,
aber es ist tatsächlich eine Energie, die in dir angelegt ist.

Das übertragen wir dann dem „Universum" nach dem Motto:
„Anstatt dich mit der Erhaltung von dir selbst und auch von mir zu
beschäftigen, mach lieber das."
Denn wir selbst können es ja nicht machen,
kein Impuls kommt ja wirklich von uns.

Das ist diese demütige Haltung,
aus der man sieht:
„ich" kann es nicht machen."

Für die, die glauben, dass sie es machen,
gibt es Hinweise wie:
„Mach deine Sadhana! etc."

Eigentlich müssten wir sagen:
„Es muss geschehen!",

und nicht,
„Du musst es machen!"

Mit etwas Humor übertragen wir das dem „Universum",
oder das „Universum" erteilt sich selbst durch uns den Auftrag,
dass es uns jetzt befreit.
Da ist jede Menge, nicht nur eine Prise Humor drin.

Und nur, wenn der Auftrag oder der Befehl, der ans „Universum" geht,
mit dem übereinstimmt, was ‚das Universum vorhat",
also was in uns und insgesamt angelegt ist,
funktioniert das.

Offene Psychiatrie

Das Ganze ist ja eine absurde Geschichte.

Im Grunde genommen sind wir alle dem Wahnsinn ausgeliefert,
weil sich eine Qualität etabliert, die ernst genommen wird,
die nicht der Wahrheit entspricht,
und die dann wieder durchschaut werden muss,
damit die Sehnsucht nach sich selbst,
- die schon von Beginn an
in jedem System vorhanden ist, -
sich dann endlich entweder erfüllt oder auch nicht.

Um etwas für wahr zu halten,
was noch nicht einmal wirklich existiert,
muss man ständig nach etwas greifen und es festhalten
damit es scheinbar existiert.
Das ist der absolute Hammer.

Dass es nur so wenige gibt, die in die Psychiatrie müssen, ist erstaunlich.
Wir sind eine offene Psychiatrie – so muss man es sehen.
Das klingt zwar witzig, ist aber ganz schön ernst,

weil dieser Ausdruck, der sich selbst für wahr nimmt,
der Horror selbst ist.

Das einzige Problem, was wir hier haben, ist,
dass wir uns als etwas sehen, was wir nicht sind.

Schräger kann es nicht kommen.

Das kann man eigentlich nur mit Humor ertragen
oder mit einem Anteil von Schrägheit,
über den man dann allerdings wenigstens lachen kann.

Über den anderen Anteil, wenn man den ernst nimmt,
kann man nicht lachen -
außer M., die über alles lachen kann.

Sie ist unser wichtigster Hinweis darauf, dass es darum geht,
wirklich nichts ernst zu nehmen.
Und sich selbst wegzulachen, -
das ist das Allerbeste.

Das Schöne ist ja: Wenn man lacht, kann man nicht gleichzeitig denken.

**Die Abwesenheit von einer Anwesenheit von Täuschung -
von der Ewigkeit verschlungen**

Zu glauben, der Verstand ist eine Instanz, die irgendetwas bestimmt,
ist eine Täuschung.

Aber die Idee ist aufgetaucht,
dass wir es sind, die bestimmen.

Befreiung heißt, diese Verantwortung abzugeben.
Deshalb sage ich:
Der Verstand, bzw. das System soll das doch an die Instanz abgeben,

die sowieso alles managt.

Aber die Instanz, die alles managt, ist genauso Sklave, wie wir es sind.
Sie ist Sklave von sich selbst
und wir sind ein Anteil von etwas, das Sklave für sich selbst ist.

Es gibt keine Instanz, die irgendetwas bestimmt -
und das ist „bestimmt" so.

Damit sind wir, wenn wir das aus der Opferperspektive sehen,
ein Sandkorn im Universum,
das komplett ausgeliefert ist.

Das ist wichtig zu sehen.
Das ist die positive Seite des Opfertums,
dass man sieht, dass das Universum auch nicht kompetent ist
und sich auch nicht aktiv einmischen kann.

*„Es gibt in diesem Universum nichts, was dich als die Erscheinung,
die du zu sein scheinst, retten kann.*

Alles ist unvorhersehbar.

Nichts ist wirklich durchschaubar.

*Es sind alles nur Bruchstücke, die wir haben,
mit denen wir uns durchs Leben hangeln
und eigentlich nicht wirklich wissen."*

Es ist gut sich als das zu sehen,
was überhaupt keinen Schimmer hat,
gar keinen,
sich aber mit aller Macht darum bemüht, ihn zu haben.

Das ist die Not, in der diese „ich"-Idee ist.

Sie versucht, sie zu überwinden.

Doch das ist nicht machbar.

Das einzige, was möglich ist,
ist, diese „ich"-Idee als das zu erkennen, was sie ist,
nämlich eine Idee, die nichts von dem kann,
was sie glaubt, was sie tut oder kann.

Sie ist ein ausführendes Element,
ein Automatismus,
der von Automatismen umgeben und durchdrungen ist,

aber auch mit der Möglichkeit ausgestattet, sich als das zu erkennen,
was jenseits eines jeden persönlichen Automatismus ist:
nämlich als einen wundervollen, unpersönlichen Automatismus!

Unsere wahre Identität
ist ja auch nicht ein persönliches Etwas oder ein persönlicher Jemand,
sondern sie ist einfach
die Abwesenheit von einer Anwesenheit von Täuschung!

„Ist Abwesenheit von der Täuschung,
dann kann die Qualität als Fülle und Glückseligkeit
durch diese Täuschung hindurch schimmern."

Und das ist unser Ziel.
Ein anderes kann es für uns nicht geben.

Der Versuch, die Täuschung zu perfektionieren,
wird niemals funktionieren!

Deswegen wiederhole ich es gerne noch einmal:

„Es geht darum, die Täuschung als die Täuschung zu durchschauen,
und mit deiner Aufmerksamkeit da zu sein,
wo der „Ursprung" von dieser Idee von Falschheit ist,
und dann an diesem „Ursprung" zu verweilen
und zu warten,

bis dich das, was die Ewigkeit ist, durchdringt
und verschlingt,
so dass dann nur noch das übrig ist, was nicht Täuschung ist,
diese Ewigkeit,
permanente Anwesenheit."

„Es geht nicht darum, die ganze Zeit zu erforschen, was wir falsch machen,
sondern zu schauen, was richtig ist.

Und wenn wir das, was wir als richtig erkennen
für uns immer mehr in unserem Leben ausdrücken,
dann zeigt und enthüllt sich das Falsche automatisch.

E: *Also bei sich bleiben.*

Muni: *Ja, immer wieder Eintauchen*
und Eintauchen
und Eintauchen.
Es gibt nichts Wertvolleres,
denn in dem Eintauchen bedienst du nicht die persönlichen Tendenzen
und es öffnet sich in dir mehr und mehr die Qualität von Bewusstheit
und das einfach DASEIN KÖNNEN
und dir selbst genug sein.

„Wenn dir die Befreiung das Wichtigste von allem ist,
dann wirst du versuchen,
all das in deinem Umfeld dem anzupassen,
damit du das leben kannst."

„Wenn du siehst:
Alles passiert einfach nur
und du entscheidest es nicht,
und kannst dich dahinein entspannen,
dann ist das genial.

Es passiert immer alles sowieso ohne dass wir es entscheiden.
Entweder damit in Frieden zu sein
oder in Unfrieden -
das macht den Unterschied."

Geliefert

„Dass das Universum tatsächlich alles liefert, muss auch erst gesehen werden.
Die Sichtweise, dass alles schon geliefert ist, muss geliefert werden,

- und dass man „geliefert" ist,
weil man gar nicht existiert.

Man sagt ja so schön: „Ich bin geliefert",
was heißt, „Ich bin am Ende."

„Je mehr Frieden im System ist,
umso weniger „ich"-Identität."

„Niemand kann dich glücklich machen
außer das, was du bist."

Den Erfahrenden der Frage „Wer bin ich?" aussetzen

Den Erfahrenden, der sich eine gute Zeit im Gewahrsein macht,
wollen wir nicht mehr.

Den bekommt man nur los,
wenn man ihn den Wellen unserer wahren Natur aussetzt,
der Wellness,
so dass er von den Wellen, dieser Energie der subtilen Qualität unserer Natur
hinweggeschwemmt wird.

Dafür muss man ihm das Wasser abgraben
oder die Luft nehmen,
indem man beständig mit seinem Fokus in der Frage „Wer bin ich?"
im „ich" ruht,
so dass er keine Dummheiten machen kann.

„Wenn der Fokus bei dem „ich" ist,
kann kein anderer „Gedanke" als „ich" daraus auftauchen.
Und damit ist das „ich" an seinem „Ursprung"."

Und dann ist es eine Offenbarung
oder wie Hingabe selbst;
Das „Paket" liegt zum Abholen bereit.
Das ist das Direkteste, das Effektivste.

Mein Freund Ramana sagt dazu, das ist die einzige Methode,
um dieses „ich" wirklich zu erledigen,
die einzige.

An allen anderen Methoden ist vor allem das „ich" beteiligt,
wodurch der Verstand auch in längeren Phasen zur Ruhe kommen kann,
aber das Grundübel, die „ich"-Idee ist damit nicht beseitigt.

*„Ein anderes Wort für Freiheit ist
erwachsen werden,
denn die meisten Verhaltensweisen
sind unerledigte Kindheitsgeschichten."*

*„Wenn man wirklich in etwas investiert,
dann kommt auch etwas dabei heraus.*

*Um das System zu kippen, müssen wir jetzt in eine andere Qualität investieren
als die, in die das System bisher investiert hat.*

Das heißt, es braucht eine aktive Sadhana.

*Und je stärker die Verletzungen sind,
eine umso intensivere.*

*Wer Freiheit will,
der muss investieren.*

*Es braucht eine Konstanz
und es braucht Effektivität,
denn irgendwann ist auch mal gut mit dem Leiden,
irgendwann reicht's."*

*„Eine gute Sadhana ist die beste Form, weiter zu kommen,
seine Schwingung zu erhöhen
und sich gleichzeitig von sich zu erholen.*

Sie ist ein Allheilmittel."

Das „ich" auflösen indem es angeschaut wird

„Wenn das „ich" angeschaut wird
ohne dass man von ihm etwas will,
dann verschwindet es und löst sich auf."

Immer, wenn ein Nein oder ein Ja für etwas ist,
bekommt das mehr Energie.

Aber wenn „ich" das „ich" anschaue und zu seinem „Ursprung" zurückverfolge,
bin „ich" nur mit dem „ich",
aber nicht mit irgendeinem anderem damit verbundenen Wunsch,
und dann löst es sich auf.

Das ist so wie mit der Angst:
Wenn „ich" mit der Angst bin,
dann löst sie sich auf,
sie versinkt einfach in dem Anschauen von ihr.

In dem Moment, wo „ich" vor ihr davonlaufe,
bekommt sie Kraft, wird sie stark,
obwohl sie gar nicht existiert.

Das „ich" muss nicht aufgelöst werden

Das „ich", da nicht existent, muss noch nicht einmal verschwinden.

Es muss einfach gesehen werden,
dass es nicht ist.

Das „ich" entschwindet in der Bedeutung, die es für das Bewusstsein hat.

Es wird zu seinem „Ursprung" geführt,
woraus Bewusstsein eigentlich aufsteigt -

es steigt ja auch nicht auf, es ist ja immer schon da -,
dahin, wo keine Unterscheidungen mehr sind
von irgendetwas zu irgendetwas.

Das ist dann sozusagen jenseits von Bewusstsein.
Und jenseits von Bewusstsein ist nichts mehr, was sich darin halten kann.
Ein „ich" schon gar nicht.

Also, wir versuchen nicht, ein Phantom zu beseitigen.

Aber wir erweisen ihm auch nicht die Referenz,
indem wir sagen: „Ich" bin Jemand, „ich" bin gut, „ich" bin schlecht."

Wir sind sozusagen die Schlächter der „ich"-Idee.

„Schlaft zu eurer „ich"-Idee
und seid wach zu dem, was ihr seid."

ॐ

„Das Ergebnis von Spiritualität
ist ein Ja zu den Umständen, die erscheinen."

ॐ

Meditation

Berührtsein

Wir öffnen uns unserer wahren Identität.

Sie ist immer präsent,
aber sie taucht jetzt in deinem Gewahrsein auf.

Deine Aufmerksamkeit geht nun hin zu dem illusionären „ich"
und bleibt auch dort.

Du bist nun entweder darauf fokussiert
oder spürst das „ich"-Gefühl.

Nichts kann deine Aufmerksamkeit davon ablenken.

Während deine Aufmerksamkeit dort ruht,
beginnt die Welt sich aufzulösen.

Sie löst sich vollständig auf.

Und du bist immer noch mit diesem „ich".

Nun lösen sich auch Zeit und Raum auf.

Und nun kann auch das „ich" nicht mehr bestehen bleiben,
es löst sich ebenfalls auf.

Nun orientiert sich deine Aufmerksamkeit hin zu dem, was jetzt ist:
die Berührtheit von dir selbst.

Du beginnst diese Berührtheit in all deinen Zellen nachzuvollziehen.

Und deine Aufmerksamkeit bleibt von jetzt an dort.

Nichts sonst kann dich berühren außer dir selbst Dich.

In dieser Berührtheit ist kein „ich" und keine wahre Natur.
Da ist nur Berührtsein.

Das ist, was man das Herz nennt.

Du bist schon in den Armen der Freiheit -
es geht nur darum, das für dich nachzuvollziehen

Der Hinweis von der Meditation ist im Grunde genommen der,
der sich durch alle „meine" Satsangs zieht:
Entscheidend ist, wo der Fokus ist,
wo die Aufmerksamkeit ruht,
und welches Interesse damit verknüpft ist,
- am besten das der Freiheit.

Und dann sieht es so aus, dass sich dein System komplett neu sortiert,
wenn deine Orientierung da fixiert ist.

Tatsächlich ist es so, wenn dieser Wunsch nach Freiheit in uns angelegt ist
und die mögliche Erfüllung in uns ebenso
und auch gewisse Resonanzen zu gewissen Umständen angelegt sind,
sich diese erfüllen.

Wir empfinden es als eine Gnade,
auf das fokussiert zu sein, was wir wirklich sind,
weil das die Umkehr einleitet,
die Abkehr von der Anhaftung an das Weltliche
und an die Defizite und Verletzungen.
Die Möglichkeit besteht dann, diese hinter sich zu lassen.

Fokussiert zu sein auf das, was du wirklich bist,

ist durch nichts zu toppen,
weil uns das die Möglichkeit bietet,
alles hinter uns zu lassen, -
im Rahmen der Grenzen, die jedes System hat.

„Es gibt nichts Kostbareres als das, was wir sind."

Und das ist immateriell, nichts objekthaftes.
Aber es hat den Einfluss auf uns,
dass wir, weil es nicht objekthaft ist,
alles was objekthaft ist, hinter uns lassen können.

Das Objekthafte ist das, woran sich vor allem eine „ich"-Idee bindet.
Hat sie keine Möglichkeit, sich an etwas Materielles zu binden
oder sich dahin zu orientieren,
dann gibt es sie auch nicht mehr.
In dem Moment, wo es für sie keine Objekte gibt, gibt es auch keine „ich"-Idee.

„Nimmt man der „ich"-Idee die Objekte,
indem man sich auf sie fokussiert,
löst sich die „ich"-Idee auf."

Und damit löst sich dann für dich auch die Welt auf.
Was vorher für dich eine unwesentliche Bedeutung hatte,
verschwindet nach und nach.

Dann hast DU die Bedeutung in deinem Leben.

Das bedeutet, dass du frei von allen Abhängigkeiten bist.

Eine „ich"-Idee ist eine anderer Ausdruck für eine
Notwendigkeit von Abhängigkeiten,
weil es ein Beziehungs-Instrument ist, dass nur dann zufrieden ist,
wenn es, wie der Name schon sagt, das Instrument der Beziehung
für sich nutzen kann.

Wir wissen, je intensiver eine Orientierung irgendwo hingeht,

umso mehr geschieht eine Identifikation damit.
Wir kennen alle die Wirkung davon, die die Identifikation mit den Objekten,
die die Welt zu sein scheint, auf uns hat.
Das heißt, wir verlieren uns komplett
in einer Faszination an äußeren Werten und Dingen,
die uns im Inneren immer leerer werden lassen,
so dass dann *die natürliche Freude am Sein,*
am reinen Dasein,
komplett verschwindet,
weil man in Abhängigkeit von äußeren Objekten geraten ist.

Zum Glück haben wir die Möglichkeit zu sehen, dass uns das nicht dient,
und uns davon abzuwenden.

Das Spannende ist dann, dass ein Anteil der Illusion
keine Lust mehr auf die Illusion hat.
Das ist ja nicht unsere Natur, die plötzlich sagt: „Jetzt, Mädel oder Junge,
komm' endlich in die Gänge, mach etwas Vernünftiges aus deinem Leben,"
sondern es ist die „ich"-Illusion, die die „ich"-Illusion satt hat.
Das ist allein schon durch den Witz, der darin liegt, kaum zu überbieten.

Also, was macht uns fertig?
Der Wahnsinn.

Und der Wahnsinn ist der, der uns wieder
zum Aussteigen aus dem Wahnsinn bringt.
Das ist doch cool.
Das ist ein Applaus für den Wahnsinn wert.

Es geht uns also darum,
dass das Interesse an dem, was uns nicht dient
und uns leiden lässt und „unterbuttert", nachlässt
und dann ganz aufhört.

Und das geht einfach nur durch das Mittel
der Faszination an dem, was dir Qualität serviert.
Und das ist unsere Natur

und der Wunsch, sie kennen zu lernen,
und DU zu sein,
und das nicht mehr zu bedienen, was leidvoll ist.

Das, was wir hier immer wiederholen,
- diese Wiederholungsveranstaltung, -
nennt man Satsang
und ist der ständige Hinweis auf deine Identität!

Aber für wen ist das schon sichtbar, wenn sich die Welt so aufdrängt,
wie sie es nun einmal tut?
Dafür haben wir die fünf Sinne, um uns darin zu verlieren.
Es sieht ganz danach aus, als wäre das gewünscht.
Es ist nicht so,
aber jedenfalls so angelegt, dass wir uns verlieren müssen.

Aber das heißt nicht, dass es dabei bleibt.
Und wir haben das Glück, dass es für uns nicht dabei bleibt.

„Also – mit der Aufmerksamkeit bei der Wahrheit zu bleiben,
zahlt sich aus."

Das geht allerdings nur, wenn in dir angelegt ist,
dass du dich wertschätzt,
denn es gibt einen Zusammenhang zwischen dem, was Fülle ist,
und der Wertschätzung von dir selbst als Fülle.

Hast du das im Blick
und gestehst dir zu, nicht die Begrenzung,
sondern die Erweiterung anzustreben,
dann ist es das, was geschehen muss,
was das „Universum" dir servieren muss.

Und nicht nur muss, es tut es auch.
Denn ohne das „Universum" hättest du ja auch diesen Wunsch
und diese Wertschätzung nicht.

„Hast du einen starken Wunsch nach Freiheit,
ist es tatsächlich der „Wunsch" oder „Befehl" des „Universums"
und nichts kann den aufhalten,
nichts kann den aufhalten, vollkommen unmöglich."

Ist er nur mittelmäßig, ist deine Erfahrung von dir selbst
und dem, was die Welt ist, auch nur mittelmäßig.

Und ist davon nichts vorhanden, ist es aussichtslos.

„Also schau nach dem, was dich erfüllt.
Schau nach dem, was dich berührt,
was für dich zählt,
was dich jeden Morgen gerne wieder aufstehen
und auch schlafen gehen lässt, - auch das,
denn wer kann schon gut schlafen,
der unzufrieden, unglücklich und unerfüllt ist."

Das ist wie mit dem Tod:
Wer kann schon sterben, wenn das Leben unerfüllt war?
Gutes Leben heißt gutes Sterben.
Hast du ein Problem mit der Idee von Sterben, dann lebe gut,
dann verschwindet es.

„Und wenn wir die Wahrheit betrachten,
sehen wir, dass „in den Armen der Freiheit" bedeutet:
du musst da nicht hin kommen, nicht hin gelangen,
es ist einfach nur ein Nachvollziehen,
dass du darin schon aufgefangen bist,
gehalten bist, versorgt bist, „bemuttert" bist,
und dich berühren lässt."

Die Arme sind symbolisch für die Verlängerung des Herzens.
Das heißt:
In den Armen der Freiheit
bist du im Herzen,
in dem, was dich berührt.

Du bist dann aufgefangen, aufgehoben und geschätzt.

Dann gibt es nichts Leichteres, als sich zu vergegenwärtigen:
„ich" bin aufgehoben, „ich" bin DA schon."

Du musst dich nicht erst dafür qualifizieren.
Du kannst sehen:
„Existiere „ich", habe „ich" auch einen Zugang zur Wahrheit.
Der ist gegeben.
Dann kann „ich" mir auch zugestehen,
die Freiheit von dieser einschränkenden Existenz zu leben!
Warum nicht?"

Es ist ein größerer Aufwand
so zu tun, als wäre man nicht in den Armen der Freiheit,
als sich dessen gewahr zu sein und das Leben in dem Bewusstsein zu leben:
„ich" bin Freiheit selbst.

Aber das muss jedes System in sich nachvollziehen.
Das kann man nicht von außen jemandem schenken oder geben;
Darauf hinweisen ja,
aber der Zugang muss in jedem selbst als Möglichkeit auftauchen.
Aber die Wahrheit ist, es braucht noch nicht einmal einen Zugang.

Was es eigentlich braucht ist nichts.
Und dieses Nichts ist einfach DA zu sein,
wach zu sein.
Wir könnten auch sagen ein Stück weit neugierig zu sein,
sagen wir lieber „neu" statt „gierig".

Und wie anstrengend ist es DA zu sein?

Also machen wir einen Menschen-Feng-Shui
und werfen all das raus, was den Energiefluss in uns selbst behindert.

Da gibt es ganz schön viel raus zu werfen. Oder?

Die Selbsterforschung ist das Ende vom „ich"

Der Anfang eines jeden „Gedankens" ist „ich".
Ohne ein „ich" gibt es keinen sogenannten „Gedanken".

„Alles hängt an dem „ich".

Daher braucht es diese Klarheit:
Hänge „ich" mich mit meiner Aufmerksamkeit an das „ich"
und bleibe da,
dann ist es unmöglich, dass andere „Gedanken" auftauchen können,
und unmöglich, dass die Welt
für dich ein Verhinderungsmechanismus für Berührtheit ist.

Wenn du das „ich" erlösen willst,
weil du sagst: „Damit will „ich" nichts mehr zu tun haben",
gib dem „ich" doch nicht mehr die Chance,
etwas anderes im Sinn zu haben als das „ich".

„Ich bin" ist schon Gefangenschaft.

Und: „ich" bin ein Jemand,"
oder: „ich" bin unglücklich oder bin dies oder das,"
oder: „ich" will oder will nicht,"
ist der Tod.

Alles, was nach dem „ich" kommt, ist der Tod.

Die „ich"-Idee ist die Basis für den Tod von Berührtheit,
von Glückseligkeit
und von dem Gewahrsein von dem, was wir sind.

Also, als Tipp für die Praxis:
Öffne dich nicht der Berührtheit,
denn das ist wiederum das „dich immer gut fühlen wollen",
sondern widme dich dem, womit es möglich ist,

dass das „ich" in das eintaucht, was du bist.

Dann ist Ruhe.
Das ist das Ende.

„Die Selbsterforschung ist das Ende von derjenigen,
die die Selbsterforschung macht,"

die die ganzen Erfahrungen macht
und sich dann mittels der Erfahrungen ein Bild von sich selber macht,
nach dem sie lebt,
was aber eine illusionäre Geschichte ist.

S: Jetzt verstehe ich, dass dann auch die Tendenzen
und die Anhaftungen wegfallen.

Muni:
„Die Tendenzen hängen alle an dem „ich".
Fällt das „ich" weg,
ist das alles zusammen weggefallen."

Ansonsten ist das so, wie in dem Beispiel mit dem Baum,
bei dem man alle einzelnen Blätter entfernt, weil man sagt:
„ich" muss die Wirkung des Lebens wegmachen,
dann wächst, während man das eine Blatt abmacht, das nächste nach.

Du musst den Baum an der Wurzel fällen,
wenn du nicht willst, dass die Blätter da sind.

Die Wurzel von der Scheinidentität ist das „ich"
und nicht die Tendenzen.

Man kann im Außen versuchen, die ganzen Blätter
oder alle Tendenzen zu reduzieren,
zu durchschauen und zu erlösen.
Das führt dazu, dass du nie aufhören wirst Probleme zu haben,
die du lösen musst.

Das führt natürlich zu dem Fortbestand dieser „ich"-Idee.
Das wäre, wenn es das Interesse einer „ich"-Idee geben könnte,
- die ja keins hat, denn sie ist ja nur ein Mechanismus, -
aus ihrer Sicht ideal.
Aber aus der Sicht der Qualität, die sie wirklich ist,
ist es nicht ideal.

Die „ich"-Idee ist eine gespaltene Geschichte,
die sich selbst zu bewahren versucht
und durch das sich selbst Bewahren,
durch all diese Taktiken von Pro und Contra unglücklich ist
und das Unglücklichsein nicht aushalten kann.
Sie ist in sich gespalten.
Das ist ganz wichtig zu wissen.

Diese Gespaltenheit taucht in dir und den meisten Anderen,
die sich ihrer Natur widmen, auf,
denn da ist einerseits das sich Bewahren-Wollen
und andererseits das sich selber leid sein.
Das ist die Geschichte,
und die hängt an dem „ich".

Das Geniale ist, hast du das gecheckt,
dann beschäftigst du dich nur noch damit,
dem „ich" keinen Raum mehr zu geben.
So, Ende der Geschichte, Ende von dem, was S. war.

S: Danke, jetzt hast du mir auch die Antwort gegeben auf meine Frage,
wie ich aus der Begrenzung definitiv herauskomme.

Muni: Ja, „Wer bin ich?",
dieser Fokus -
nur so geht es.
Mehr braucht es nicht.

Dann erledigt sich alles von dem du dachtest, es wäre ein Problem.

Und das Hauptproblem ist man ja selber als dieser vermeintliche Ausdruck,
- der man ja nie wirklich ist.

Jeder hat die Schönheit in sich

Es ist nicht einfach, sich selbst zu sehen.
Und schwieriger ist noch, jemanden anderen zu sehen, zu verstehen
und die Qualitäten zu sehen.

Das war etwas, was Ich in meinem Leben ganz früh angefangen habe.
Ich habe immer gesehen, da ist die Fassade der Menschen.
Und dann war immer gleichzeitig der Versuch zu schauen:
Wo ist da die Schönheit?
Wo ist die Qualität von den Menschen, mit denen Ich jetzt bin?
Oder ist da gar keine?
- was unwahrscheinlich ist, denn, wenn man sie nicht sieht, heißt das nur,
dass man nicht genug hinschaut.

„Jeder hat die Schönheit in sich.“

Und die drückt sich durch ganz viele verschiedene Facetten aus.
Manchmal ist es nur ein Gesichtsausdruck, woran du es sehen kannst,
eine Geste, eine Äußerung oder ein Blick.
Wenn du das kannst, dann führt das dazu, dass du anders lebst.

Du unterscheidest dann nicht mehr
und lehnst andere nicht ab.

Es kann sein, dass du noch Resonanzen zur Ablehnung hast ,
aber du hast dann immer auch die Balance durch die andere Qualität,
die auch sieht:
„Wow, was für eine Qualität in dem anderen, da ist Schönheit.“

*„Die Schönheit, die du in den anderen siehst,
ist die eigene innere Schönheit.“*

Siehst du sie nicht, siehst du dich als nicht wertig an,
also als nicht schön,
bist du damit nicht von dir selbst berührt.

Es geht nicht darum, sich selbst zu beweihräuchern
oder zu sagen: „ich" bin toll."
- Abgesehen davon wäre das zwischendurch auch mal nicht verkehrt,
denn die meisten Menschen sagen eher zu sich:
„ich" bin das Gegenteil von toll,"
oder: „ich" muss mich dafür schämen wie „ich" bin."

Verstehen wir uns mehr als das, was in stimmiger Resonanz
mit den anderen ist,
sind die Unterschiede aufgehoben.

Kannst du jemanden nicht ertragen,
hängt das also auch mit dir zusammen.

Sage „ich" zu jemand anderem: „du bist schön", egal auf welche Weise,
dann ist klar, das ist auch ein Geschenk für mich.

Tust du jemandem etwas Gutes, ist es ein Geschenk für dich.
Tust du etwas Gutes, weil du davon etwas haben willst,
dann ist es kein etwas Gutes tun.

Aber jemandem etwas Gutes zu tun, für jemanden nur da zu sein,
ist ein Riesengeschenk, auch für dich.

Lehnst du jemanden ab, ist es der Horror, auch für dich.

*„Die Basis für Freiheit liegt darin,
mit sich klar zu kommen."*

Alles hängt an der „ich"-Idee

Das Schöne ist, dass diese ganzen Geschichten von uns
an einer Sache hängen oder an einem Ding, was noch nicht mal ein Ding ist.

Und das müssen wir dingfest machen.
Das ist diese „ich"-Idee.
Das ist alles.
Daran hängt das ganze Ding.

Mit anderen Worten für die, die sagen:
„ich" kann mich nicht auf das „ich" fokussieren",
ist der Hinweis in diesem Zusammenhang:
Du bist die ganze Zeit mit dir beschäftigt, mit: „ich", „ich", „ich", „ich", „ich",
„ich" bin toll, „ich" bin nicht toll, „ich" kann das, „ich" kann das nicht,
„ich" liebe das, „ich" liebe das nicht, „ich", „ich", „ich", „ich", „ich".
Das machst du sowieso,
aber das jetzt bewusst zu machen,
indem das „ich" dazu benutzt wird, nicht etwas zu definieren
oder abzulehnen oder haben zu wollen, usw.
sondern einfach nur mit dem „ich" zu sein,
erspart dir diese ganzen anderen Schrottgedanken,
das erspart dir die ganzen Dramen, die ganzen Ideen,
auch die Idee, dass es „Gedanken" gibt
und dass du sie denkst
und du die, die du hast, nicht haben solltest oder nur bestimmte haben solltest
usw.
„Es kehrt Ruhe ein mit allein nur das „ich" im Sinn zu haben."

Und, was im schlimmsten Fall passieren kann ist,
dass du dann die ganze Zeit glückselig bist.
Das ist das Schlimmste, was dabei passieren kann.

Tja, also kann ich nur davor warnen.

Du musst dann vielleicht die Freude am Leid hinter dir lassen
und das ist vielleicht nicht ganz so aufregend, wie das „Leid" jetzt.

Das Besondere am Menschsein ist, berührt sein zu können

„Du kannst nichts bestimmen.

Das ist totale Entspannung,
das ist Freiheit,
rausgehalten zu sein aus der Beschränktheit dieser Erscheinung von Welt."

In einer Welt, in der es niemanden gibt, der bestimmen könnte,
noch nicht einmal einen Gott, den wir uns vorstellen,
durch den scheinbar die Menschen entstanden sind,
oder aus Sicht der Menschen ein Gott entstanden ist,
aus dem wiederum die Menschen entstanden sind,
- das ist ein Bild, was unreflektiert zugrunde legt, dass es eine
Entscheidungsfunktion in uns als Mensch gibt und auch jenseits davon
das Universum eine Bestimmung von einem jemand ist, -
sieht es jedoch nur so aus, als gäbe es jemanden, der bestimmen könnte.

Das ist aber nicht der Fall,
denn wenn wir nachschauen, finden wir niemanden.

Das heißt, wir müssen uns mehr an dem orientieren,
was unsere eigene Erfahrung ist.

Ich bezeichne uns nicht als einen toten, kalten Mechanismus,
denn das, was uns von Robotern unterscheidet, ist,
dass wir empfindungsfähig sind
und es für uns Grenzen gibt, was wir tun und lassen
und was wir mit anderen tun und lassen.

Ich verweise immer wieder darauf wie wertvoll es ist, Mensch zu sein,
und dass es darum geht, die Menschen zu achten.

Vorhin sprach Ich davon, dass Ich sehr früh begonnen habe zu schauen:
Was sind die Verhinderungsmechanismen
oder die negativen Anteile von Menschen?

Und wo liegen die Schönheiten? Wo zeigen sie sich?
Denn das ist für uns wesentlich.

„Was Ich als menschlich bezeichne ist,
berührt sein zu können.

Ein Leben ist erst dann ein Leben,
wenn es aus der Berührbarkeit gelebt werden kann."

Trotzdem sind die Mechanismen, die sich durch uns ausdrücken,
und damit alles, was wir sagen und was scheinbar „gedacht" ist,
nicht von uns „gedacht".

Es ist auch nicht von jemand anderem „gedacht".

Wärst du aus deiner Perspektive ein für dich unvorteilhaftes Programm,
würdest du ja aus der Sicht von Bewusstheit entscheiden:
„Daraus steige „ich" jetzt aus."

Kannst du es nicht, müssten wir davon ausgehen,
dass du einem Zwang unterworfen bist.

Der Zwang ist deine Prägung in Verbindung mit der Energie,
die sich mit der Zeit angehäuft hat,
und die sich jetzt durch deine Form ausdrückt.

Und wer bestimmt das?

Das ist die Frage.

Welche Möglichkeiten bestehen jetzt, das Programm zu beenden,
sich davon zu lösen
und ein Leben in Erfülltheit zu haben?

Das haben wir vorhin aufgezeigt, indem man sieht:

„Alle Konstrukte, die in uns laufen,
sind an einen „ich-Gedanken" geknüpft.

Damit ist das sogenannte „ich" die Ursache allen Übels.

Schauen wir nach dem „ich",
sehen wir, dass es gar keins gibt,
sondern dass stattdessen Erfüllung in uns auftaucht.

Das muss der Weg sein."

Was auch immer die Konzepte sind, muss der Weg der sein,
zu versuchen, aus deiner Perspektive und den Möglichkeiten, die in dir sind,
total Mensch zu sein.
Das ist die einzige Möglichkeit, die du hast.

„Total Mensch sein ist:
in dir zu ruhen,
so dass das gesehen wird, was passiert."

Das heißt nicht, dass Inaktivität die Folge ist,
was man gerne daraus schlussfolgert.

„Bist du im Gewahrsein ruhend,
dann ist auch Berührtheit die Folge,
weil der dann nichts mehr im Weg steht."

J: Danke.

Muni: Tausend Dank für diese Möglichkeit, das nicht bedienen zu müssen,
was immer wieder das Gefühl hat, verloren zu sein.

Danke für diese Zeit in der Stille
und in der Auseinandersetzung mit der Wahrheit
und für diese Offenheit, die Ich gesehen habe.

Muni

Aus "heiterem" Himmel
geschah für Muni
im Alter von 18 Jahren

das Eintauchen in das universelle Bewusstsein,
das bleibende Spuren hinterließ wie Bewusstheit, Klarheit,
das Sehen, was sich hinter der Fassade der Menschen verbirgt,
das Erfahren, dass die Worte kommen und gehen,
aber nicht von ihm gedacht werden,
und das Ende von Schüchternheit
- man könnte es als kompletten Turn Around bezeichnen.

Jahre später geschah das "Aufwachen",
das er gar nicht angestrebt hatte.
Fasziniert davon und weil der Zustand nicht dauerhaft war,
begann die bewusste Beschäftigung mit der Wahrheit
im Kontakt zu spirituellen Meistern.
Das war auch der Beginn jahrelanger Tätigkeit als Heiler.

Weitere Jahre gingen ins Land,
bevor die nächste unerwartete Wandlung
in Form der Erkenntnis seiner wahren Identität geschah.

Seit 16 Jahren gibt Muni öffentlich Satsang
in Deutschland, Österreich, der Schweiz und Indien
und vermittelt seine Erkenntnis und Einsichten in Form der Lehre
und der Präsenz des wahren menschlichen Ausdrucks.

Bisher von Muni erschienen:

Nicht-Beziehungsgeschichten

Ein Buch für alle, die hinschauen
und sich nicht in Nicht-Beziehungen
verstricken wollen – mit
Ernsthaftigkeit und humorvollen
Einlagen,

233 Seiten, 2019

„Eine Reise zu Dir"

Talks und Gespräche
am Heiligen Berg
Arunachala,

139 Seiten, 2019

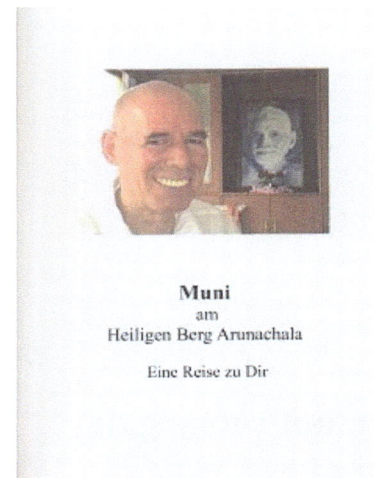

Muni – Über das Wesentliche

Ausgesuchte Texte aus
Satsang Einführungen,
Talks, Antworten
und Live Chats,
123 Seiten, 2018

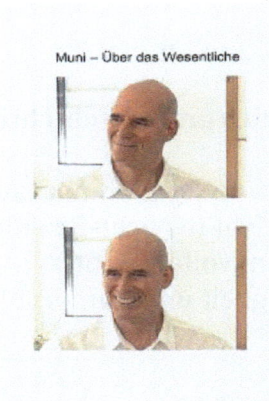

Info:

www.muni-satsang.de